위풍당당 고사성어 자신만만 국어왕 2

꼭 알아야 할 교과서 사자성어 100
위풍당당 고사성어 자신만만 국어왕 2

글 남상욱 | **그림** 허경미
펴낸날 2014년 6월 30일 초판 1쇄, 2022년 11월 23일 초판 5쇄
펴낸이 김상수 | **기획 · 편집** 이성령, 권정화, 전다은 | **디자인** 문정선, 조은영 | **영업 · 마케팅** 황형석, 임혜은
펴낸곳 루크하우스 | **주소** 서울시 서초구 사임당로 50 해양빌딩 504호 | **전화** 02)468-5057 | **팩스** 02)468-5051
출판등록 2010년 12월 15일 제2010-59호
www.lukhouse.com cafe.naver.com/lukhouse

ISBN 979-11-5568-033-9 63710

※ 잘못된 책은 구입처에서 바꾸어 드립니다.
※ 값은 뒤표지에 있습니다.

상상의집

상상의집은 (주)루크하우스의 아동출판 브랜드입니다.

꼭 알아야 할 교과서 사자성어 100

위풍당당 고사성어 자신만만 국어왕 2

상상의집

머리말

밤하늘을 장식한 별처럼 세상의 수많은 고사성어를 만나러 여행을 떠나요!

어린이 여러분, 이렇게 다시 만나게 되어서 정말 반가워요.

〈위풍당당 고사성어 자신만만 국어왕1〉을 세상에 선보인 후, 저는 걱정을 조금 했답니다. '쉴 새 없이 재미있는 이야기들이 새롭게 나타나는 요즈음, 고사성어를 고리타분하다고 생각하면 어떡하지?'라는 생각 때문이었죠. 하지만 그런 걱정은 그야말로 기우(杞憂), 쓸데없는 걱정이었어요. 수많은 어린이들이 〈위풍당당 고사성어 자신만만 국어왕1〉을 재미있게 읽었다는 이야기가 제 귀에 전해졌죠. 또 여러 학교에서 〈위풍당당 고사성어 자신만만 국어왕1〉을 교재로 쓴다는 이야기를 듣고 정말 뛸 듯이 기뻤고, 여러분들의 넘치는 사랑에 힘입어 이렇게 2탄을 준비하게 되었답니다. 아, 물론 이 책을 통해 처음 만나게 된 어린이 여러분들도 정말 환영해요.

우리말의 70%가 한자로 이루어져 있다는 사실, 알고 있나요? 그러고 보면 우리말과 한자는 떼려야 뗄 수 없는 관계인 것 같아요. 그래서 한자어를 가지고 만든 고사성어도 우리 생활에서 흔히 쓰이죠. 뉴스나 신문에서 정치인들이나 연예인이 자신의 심정을 고사성어로 표현하기도 하고, 고사성어를 제목으로 한 소설이나 드라마, 영화들도 흔히 볼 수 있잖아요.

그런데 고사성어는 단순히 한자를 잘 안다고 해서 뜻을 알 수 있는 건 아니에요. 산전수전(山戰水戰)이라는 고사성어의 한자를 풀어 보면 '산에서의 싸움, 물에서의 싸움'이라는 말이에요. 어때요, 그 뜻이 조금 아리송하죠? (정확한 뜻을 알고 싶다면 지금 90쪽을 살짝 보고 오는 것도 좋아요.)

한자와 고사성어의 관계는 별과 별자리의 관계 같아요. 밤하늘의 별을 바라본다고 해서 별자리를 알 수는 없어요. 하지만 별자리에 관련된 이야기를 듣고 있노라면 신기하게도 별들이 서로 이어지며 밤하늘에 그림이 그려지는 경험을 하게 되죠.

이처럼 고사성어 역시 그와 관련된 이야기를 읽고 있노라면, 자연스럽게 한자 속에 숨어 있는 속뜻을 알 수 있어요. 그래서 이 책은 단순히 고사성어를 외우게 하는 데 그치는 게 아니라, 훌륭한 동서고금의 고전 속 이야기를 통해 고사성어의 뜻을 깨닫게 해 주려고 한답니다.

이 책은 여러 고전을 통해 여러분과 고사성어를 만나게 해 줄 지도예요. 지도를 차례대로 볼 필요가 없는 것처럼, 이 책 역시 꼭 처음부터 볼 필요는 없답니다. 목차를 보고 궁금한 고사성어가 있다면 그 부분부터 펼치기만 하면 돼요. 그러면 그 고사성어의 뜻과 함께 재미난 이야기가 여러분들을 맞이할 테니까요. 이제 고사성어와 만나기 위한 여행을 함께 떠나 볼까요?

남상욱

차례

甘 呑 苦 吐
달 삼킬 쓸 토할

감 탄 고 토

달면 삼키고 쓰면 뱉는다는 뜻으로,
자기 비위에 맞으면 좋아하고 맞지 않으면 싫어함.

악당 매키스의 결혼식

19세기 영국의 수도 런던. 하층민 거리 한구석에 자리 잡은 더러운 마구간에 갑자기 사람들이 모여들기 시작했어요. 다들 하나같이 험상궂게 생긴 악당들이었죠. 대체 그들이 왜 마구간으로 모여들었을까요? 끔찍한 범죄를 꾸미려고? 아니면 싸움을 벌이려고? 아니에요. 그들이 모인 이유는 결혼식을 축하하기 위해서였죠.

"여기서 결혼식을 올린다고요? 여긴 마구간이잖아요."

이 이상한 결혼식의 신부인 폴리는 울상이 되어 신랑을 바라보았어요. 새하얀 가죽장갑을 끼고 목에 흉터가 난 신랑은 미소를 띠며 말했어요.

"걱정 마. 조금만 기다리면 여기가 런던에서 최고로 멋진 결혼식장으로 바꿜 테니까."

그 말이 떨어지길 기다렸다는 듯, 커다란 트럭이 마구간 앞에 멈춰 섰어요. 트럭 뒤에는 화려한 양탄자와 가구, 그릇이 잔뜩 실려 있었죠. 그 물건들은 방금까지만 해도 백화점과 호텔에 있던 것들이었어요. 신랑의 부하들이 훔쳐 오기 전까지 말이죠.

훔쳐 온 물건들로 마구간에서 결혼식을 올리려는 신랑이라니! 정말 상상도 할 수 없는 일이죠? 하지만 놀라긴 아직 일러요.

"대장! 경찰이 옵니다. 런던 경찰의 우두머리인 호랑이 브라운이에요!"

망을 보던 부하가 뛰어 들어오자, 결혼식장은 도망치려는 악당들로 순식간에 난장판이 되었어요. 하지만 정작 신랑은 밝은 표정으로 직접 브라운을 맞이하기 위해 나갔어요.

"브라운! 이제 오다니. 결혼식이 끝나 가잖아."

"일하다 지금 온 거라고. 아무튼 결혼 축하하네, 매키스."

신랑의 정체는 바로 강도와 살인, 협박을 일삼는 런던 최고의 악당 매키스였어요. 그리고 브라운은 그의 둘도 없는 친구였죠. 런던 최고의 악당과 런던의 경찰 우두머

리가 어떻게 친구가 되었냐고요? 바로 돈 때문이었죠. 매키스는 강도짓을 해서 번 돈의 일부를 브라운에게 뇌물로 바쳤어요. 그 대가로 브라운은 매키스를 잡지 않을 뿐만 아니라, 매키스를 잡으려 하는 정의로운 경찰들을 모두 쫓아냈어요. 그 결과 고통받는 건 매키스의 범죄에 재산을 잃고 목숨까지 위협받는 서민들이었어요. 정말 슬픈 일이었죠.

사실 이 결혼식 역시 매키스의 계획이었어요. 신부 폴리의 아버지는 런던의 거지들에게 구걸을 시키고 돈을 뜯어내는 '거지들의 왕' 피첨이었어요. 매키스는 결혼을 미끼로 피첨의 사업을 송두리째 삼키기로 마음먹었던 것이죠.

'그렇게만 되면, 이 결혼식도 무효로 하고, 신부 폴리는 쫓아내 버려야지.'

매키스는 감탄고토하려는 비열한 마음으로 폴리를 바라보았어요.

하지만 매키스는 알지 못했죠. 얼마 후면 자신이 지은 죄 때문에 결국 교도소에 끌려가 교수형을 당할 거라는 걸요. 그리고 그때가 되면 둘도 없는 친구인 브라운, 충실한 부하들, 심지어 부인 폴리까지 모두 자신에게 등을 돌릴 거라는 걸 말이죠.

고전 속 지혜 배우기

가장 성스러워야 할 결혼식마저 자기 이득에 따라 마음대로 하려는 매키스. 그야말로 달면 삼키고 쓰면 뱉는 감탄고토(甘呑苦吐)의 모습이네요. 결국 자신도 남들에게 그런 취급을 받을 걸 안다면 그러지 못할 텐데……. 참 어리석네요.

고전 깊이 읽기

부정부패로 가득 찬 세상을 풍자한 오페라!

1728년, 영국의 극작가인 존 게이는 〈거지 오페라〉라는 오페라를 극장에 올려요. 여러분은 오페라라는 말을 들으면 어떤 장면이 떠오르나요? 훌륭한 정장을 입고 극장에 앉은 관객들, 화려한 무대 위에서 웅장한 노래를 부르는 배우들의 모습이 떠오르지 않나요? 이처럼 오페라라는 말에는 고급스러움이 느껴져요. 그런데 〈거지 오페라〉라니, 뭔가 이상하지 않나요?

존 게이가 〈거지 오페라〉라는 제목을 지은 이유는 부패한 영국 정치를 풍자하기 위해서였어요. 한껏 고급스러운 체하는 정치가와 귀족들이 사실은 거지나 다름없다는 걸 보여주려고 한 것이죠. 존 게이의 의도는 성공을 거두었고, 〈거지 오페라〉는 엄청난 인기를 끌었어요.

그로부터 200년 후인 1928년, 독일의 극작가 브레히트는 〈거지 오페라〉를 현대에 맞게 각색한 〈서푼짜리 오페라〉를 발표해요.

〈서푼짜리 오페라〉의 주인공인 '거지들의 왕' 피첨은 자신의 딸 폴리가 악당 매키스와 결혼하자 잔뜩 화가 나요. 딸을 사랑해서가 아니라, 부잣집에 딸을 시집보내려 했던 자신의 계획이 틀어졌기 때문이죠. 그래서 그는 계획을 꾸며 매키스를 감옥으로 보내요. 천하의 악당 매키스는 감옥에서 도망치려고 노력하지만, 모두가 그를 배신하죠.

브레히트는 이 작품을 통해서 사랑과 우정은 사라진 채, 이득만 챙기는 세상을 비판하려고 한 거예요.

結 者 解 之

맺을 사람 풀 어조사

결 자 해 지

자기가 저지른 일은 스스로 해결해야 함.

스스로 죄를 고백한 싱클레어

싱클레어는 독일의 작은 마을에 살고 있는 소년이었어요. 싱클레어에게 부모님이 계시는 집은 따뜻한 밝음으로 가득 차 있는 세계였어요.

'난 영원히 이렇게 밝은 세계 한가운데서 살아갈 거야.'

하지만 그런 싱클레어의 믿음이 한순간에 깨지는 사건이 일어났어요.

어느 날, 싱클레어는 학교에서 돌아오다 마을에 사는 또래 소년들과 어울리게 되었어요. 그중에는 불량하기로 소문난 크로머도 끼어 있었죠. 크로머의 주도 아래 소년들은 돌아가며 자신들이 한 나쁜 짓을 이야기하기 시작했어요. 어느 새 싱클레어의 차례가 되었죠. 모두가 자신을 쳐다보자 싱클레어는 머뭇거리다 입을 열었어요.

“나는 마을 모퉁이에 있는 과수원에서 가장 좋은 사과를 훔친 적이 있어.”

얼른 집으로 돌아가고 싶었던 싱클레어는 거짓말을 했어요. 그게 실수였어요. 크로머는 싱클레어의 말을 듣자 잔인한 미소를 지었어요.

“그래? 그렇단 말이지. 네가 바로 과수원 도둑이었구나.”

크로머는 과수원 주인에게 싱클레어가 도둑질을 했다고 말하겠다고 협박했죠. 싱클레어는 자신의 거짓말 때문에 집에서 돈을 훔쳐 크로머에게 줄 수밖에 없었어요. 그것도 1년 동안이나요.

부모님을 배신했다는 생각에 싱클레어의 마음은 점점 병들어 갔어요.

‘이제 난 다시는 밝은 세계에서 살 수 없을 거야. 난 이미 더러워졌어.’

그리고 그때, 싱클레어는 데미안을 만났어요.

싱클레어의 학교로 전학 온 데미안은 또래 아이들과 다르게 어른스러웠어요. 그는 싱클레어를 마음에 들어 해서 늘 먼저 다가와 여러 이야기를 해 주

었어요. 그중에는 싱클레어가 이해할 수 없는 이야기도 있었죠. 하지만 크로머의 횡포에 지쳐 가던 싱클레어는 친구가 생겼다는 생각에 기뻤어요.

그러던 어느 날, 데미안은 놀라운 이야기를 했어요.

"나는 남의 마음을 읽을 수 있는 신기한 능력이 있어. 그래서 난 네가 크로머란 아이에게 괴롭힘을 당하는 걸 알 수 있어."

지금껏 혼자만 숨기고 있던 괴로움을 데미안이 알아주자 싱클레어는 깜짝 놀랐어요. 하지만 더욱 놀라운 건 그다음 일이었어요. 그날 이후, 크로머가 싱클레어를 괴롭히지 않게 된 거예요.

싱클레어는 그 이유가 데미안 때문이란 걸 알았어요. 어떻게 그럴 수 있었는지는 알 수 없었어요. 확실한 건 이제 다시 밝은 세계에서 살 수 있게 되었다는 것이에요. 하지만 그러기 위해서 싱클레어가 꼭 해야 할 일이 있었어요.

그날 저녁, 싱클레어는 결자해지의 마음으로 부모님에게 그동안의 일을 고백했어요. 부모님은 처음엔 놀랐다가 곧 같이 눈물을 흘렸어요. 잘못을 저지른 아들이 회개했다는 기쁨의 눈물이었죠. 그 고백으로 인해 싱클레어는 다시 밝은 세계로 돌아왔어요.

고전 속 지혜 배우기

싱클레어의 마음을 들여다보고 크로머까지 쫓아 버리다니 데미안은 정말 놀라운 소년이네요! 하지만 싱클레어가 밝은 세계로 돌아올 수 있었던 건, 자신이 저지른 죄를 해결하겠다는 결자해지(結者解之)의 마음이 있었기 때문일 거예요. 여러분도 만약 부모님께 잘못을 저질렀다면 꼭 고백하세요. 마음이 편해질 거예요.

고전 깊이 읽기

전쟁을 막기 위해 글을 쓴 헤르만 헤세

〈데미안〉의 작가 헤르만 헤세는 1877년 7월 2일, 독일에서 태어났어요. 그의 외삼촌은 독일에서 몇 안되는 불교 연구의 권위자였어요. 그래서 헤르만 헤세는 어릴 때부터 동양의 사상에 관심을 가졌고, 그런 모습이 글에서도 나타나게 되죠.

그는 선교사였던 아버지의 부탁으로 신학대학에 입학을 해요. 하지만 자유로운 정신을 가졌던 헤세는 반년 만에 대학에서 나오고 말아요. 이후 헤세는 시계공장에서 일하다가, 서점에 취직해요. 그리고 그곳에서 수많은 책을 읽으며 소설가로서의 꿈을 키우게 되죠.

1914년, 제1차 세계대전으로 인해 세상은 전쟁의 불길 속에 휩싸이게 됩니다. 평화를 사랑하던 헤세는 커다란 충격을 받아요. 그리고 그 전쟁을 일으킨 나라가 자신의 조국, 독일이라는 데에 슬픔을 느끼죠.

그때부터 헤세는 평화운동에 온 힘을 쏟아요. '전쟁보다는 평화가, 증오보다는 사랑이'라고 외치고 다니며 전쟁을 막으려 하죠. 독일은 그런 헤세를 조국의 배신자로 낙인찍고 비난했어요. 결국 헤세는 중립국 스위스로 떠나고 말았어요.

그는 스위스에서 여러 작품을 쓰며 평화에 대한 이야기를 나눴어요. 그중 가장 유명한 작품이 바로 〈데미안〉이죠. 이 작품에는 폭력에서 인간을 구하려는 인도주의적 사상이 담겨 있어요.

이 책을 읽은 많은 사람들이 데미안 같은 친구를 얻길 꿈꾸죠. 하지만 명심하세요. 우리가 바로 데미안이 되어 싱클레어를 구해 줄 수도 있다는 걸요.

結 草 報 恩

맺을 풀 갚을 은혜

결초보은

죽어 혼령이 되어서도 은혜를 갚음.

풀을 묶어 은혜를 갚은 혼령

옛날 중국 진나라의 장군인 위무자는 아내가 죽고 외로워지자 젊은 여인인 조희를 새 아내로 삼아 사랑을 나눴죠. 그러던 어느 날, 위무자가 병이 들어 자리에 누웠어요. 그는 전 부인과의 사이에서 태어난 첫째 아들 위과를 불렀습니다.

"사내대장부로서 이룰 건 다 이루었지만, 내 사랑하는 여인인 조희를 남겨두고 가는 것만은 아쉽기 이를 데 없구나. 부탁이니 내가 죽으면 조희를 함께 묻어다오."

당시 중국에는 순장이라는 풍습이 있었어요. 왕이나 귀족이 죽으면 살아 있는 아내와 노비를 함께 묻는 무서운 풍습이었죠.

얼마 후 위무자가 숨을 거두자, 위과는 고민에 빠졌어요.

'아들 된 도리로서 아버지의 유언을 따라야 하겠지만, 멀쩡히 살아 있는 여인을 죽여야 하다니…….'

한참을 고민하던 위과는 결국 결단을 내렸어요. 남들 모르게 조희를 도망치게 해 다른 곳에서 살게 해 준 것이죠.

그로부터 몇 년이 지난 후, 위과는 아버지를 뛰어넘었다는 이야기를 들을 정도로 훌륭한 장군이 되었어요.

진나라의 왕은 위과를 불러 명령을 내렸어요.

"위과, 너를 이 나라 군대의 총사령관으로 임명하노라. 늘 우리나라를 괴롭히는 노나라를 점령하거라."

"걱정 마십시오, 폐하!"

왕의 명령을 받은 위과는 곧바로 군대를 모아 노나라로 쳐들어갔어요.

타고난 용맹함으로 승리를 거듭하며 진군하던 위과에게 엄청난 적이 나타났어요. 맨손으로 호랑이를 때려잡는다는 노나라의 괴물장수 두회가 도끼를 휘두르며 위과를 쓰러뜨리러 온 것이죠.

두회에게 처음으로 쓰라린 패배를 맛보고 도망치던 위과는 풀이 우거진 평원에 다다랐어요. 그런데 그때 그의 뒤를 쫓던 두회가 갑자기 넘어지는 게 아니겠어요! 위과는 그때를 놓치지 않고 칼을 휘둘러서 두회를 물리치고 승리를 거뒀어요.

그런데 쓰러진 두회를 바라보던 위과의 눈에 이상한 점이 보였어요. 두회의 발 아래 있는 풀이 매듭이 지어져 있는 게 아니겠어요? 그 풀 매듭 때문에 두회가 넘어진 거였죠.

'대체 이게 어찌된 일이지? 누가 이렇게 풀을 묶어 두었단 말인가?'

그날 밤, 위과의 꿈에 웬 노인이 나와 인사를 했어요.

"장군님. 저는 조희의 아버지 되는 사람입니다. 오늘 낮에 풀을 묶어 매듭을 만든 건 제가 한 일입니다. 장군님이 제 딸을 살려 주신 은혜가 너무도 커서, 이렇게 혼령의 몸으로나마 결초보은하고 싶었습니다. 앞으로도 언제나 장군님을 돕겠습니다."

고전 속 지혜 배우기

조희를 살려 줬을 때, 위과는 보상을 받을 마음은 없었어요. 하지만 그 결과로 조희 아버지의 혼령이 풀을 묶어 은혜를 갚는 결초보은(結草報恩)을 행해서 목숨을 구했죠. 역시 착한 일은 일단 하고 볼 일이라니까요!

고전 깊이 읽기

<춘추>의 참고서, <춘추좌씨전>

〈삼국지〉에서 가장 유명한 인물 중 한 명인 관우를 알고 있나요? 적토마에 올라타 긴 수염을 휼날리며 청룡언월도로 적들을 무찌르는 관우는 중국뿐 아니라 동양 사람들이 가장 좋아하는 영웅이죠. 그런데 관우가 늘 들고 다니던 책이 있었다고 해요. 바로 〈춘추〉예요. 공자가 쓴 노나라 역사서인 〈춘추〉는 역사에 대해 공정한 평가를 내린 책으로 유명해요. 그리고 글자 한 자, 한 자에 심오한 의미가 담겨 있다고 하죠.

그런데 〈춘추〉에는 한 가지 문제점이 있었어요. 바로 공자가 쓴 글이 무척 어려워서 대부분 그 뜻을 이해하기 어려웠다는 거예요. 그래서 어떤 학자들은 〈춘추〉에다 자신의 해석을 추가해서 일반 사람들이 읽기 편하게 내기도 했어요. 그중 가장 유명한 책이 바로 〈춘추좌씨전〉이랍니다. 〈춘추〉가 교과서라면 〈춘추좌씨전〉은 참고서인 셈이죠.

그런데 왜 과거의 이야기인 역사책을 이렇게 많은 사람들이 읽었을까요? 그건 지나간 역사를 올바로 알지 못하면 우리가 사는 현재를 알지 못한다고 믿었기 때문이에요. 인간이 위대한 이유는 과거의 실수를 고쳐 나가 발전된 미래를 만들어 나가기 때문이거든요. 그래서 과거의 역사를 올바르게 비추는 역사책이 중요한 것이죠.

공자가 〈춘추〉를 쓴 것에서 본따 '춘추필법'이라는 말도 생겼어요. '〈춘추〉처럼 글을 쓰는 법'이란 뜻인데, 엄격하고 공정하게 역사적 평가를 내리는 글쓰기 방법이라는 뜻이에요.

孤 立 無 援

외로울 설 없을 도울

고 립 무 원

아무런 도움도 받지 못한 채 홀로 외로이 서 있음.

외로운 로빈슨 크루소, 친구를 만나다!

한 남자가 섬 모래밭에 걸터앉아 바다를 바라보고 있었어요. 에메랄드빛 바다는 시원한 바람에 아름답게 넘실거리고, 모래알은 따스한 햇살을 받아 금빛으로 빛났죠. 마치 천국처럼 아름다운 풍경이었지만, 남자의 표정은 우울하기만 했어요.

잠시 후, 남자가 한숨을 푹 내쉬었어요.

"대체 이렇게 살아서 무엇한단 말인가?"

그 남자의 이름은 로빈슨 크루소, 그는 고립무원의 무인도에서 23년이나 홀로 살고 있었어요.

로빈슨 크루소는 원래 영국의 선원이었어요. 무역선에서 올라타 항해를 하던 중, 배가 큰 파도에 휩쓸려 난파당하는 큰 사고가 일어났죠.

정신을 잃었다 눈을 뜬 로빈슨 크루소는 자신이 무인도 해변에 혼자 조난당했다는 사실을 알게 되었어요.

흠뻑 젖은 옷조차 당장 갈아입을 수 없게 된 로빈슨 크루소는 절망에 빠졌어요. 하지만 그 끔찍한 사고에서 살아나자마자 다시 죽을 수는 없다고 결심하고는 다시 힘을 내기로 했어요.

'분명히 버티다 보면 지나가는 배가 날 구하러 와 줄 거야.'

불행 중 다행이랄까, 난파된 배가 바닷가 가까운 곳에 떠 있는 게 보였어요. 로빈슨 크루소는 뗏목을 만들어 난파선으로 가 필요한 물건들을 가지고 나왔죠. 그때부터 로빈슨 크루소의 홀로서기가 시작되었어요.

두둑한 배짱과 뛰어난 손재주를 지닌 로빈슨 크루소는 혼자서 많은 일을 해냈어요. 맹수들에게서 몸을 지키기 위해 요새를 만들고 나무 벽을 세웠죠. 농사를 짓고 흙으로 오븐을 만들어 빵도 구워 먹었어요. 심지어 야생 염소를 잡아 키우기까지 했어요.

하지만 아무리 노력해도 해결할 수 없는 일이 있었어요. 그건 바로 외로움이었죠.

'이러다 이곳에서 홀로 죽음을 맞이하는 건 아닐까?'

두려워진 로빈슨 크루소는 배를 만들어 탈출하려고도 해

봤지만 번번이 실패했어요.

그러던 어느 날, 로빈슨 크루소는 섬 반대편에서 사람들의 목소리를 들었어요. 기뻐 달려간 로빈슨 크루소는 그만 경악하고 말았죠. 배를 타고 온 식인종들이 사람을 잡아먹으려고 하는 게 아니겠어요! 로빈슨 크루소가 무인도라고 생각한 섬은 사실 바다 건너에 사는 식인종들이 사람을 잡아먹으려고 오는 곳이었던 거예요.

로빈슨 크루소는 난파선에서 가져온 총을 쏴서 식인종 한 명을 쓰러뜨렸어요. 그러자 놀란 식인종들은 배를 타고 도망쳐 버렸어요. 잡아먹힐 뻔한 원주민은 눈물을 흘리며 로빈슨 크루소에게 감사를 표했어요. 그 원주민을 구한 날이 금요일이었기에, 로빈슨 크루소는 그에게 '프라이데이'라는 이름을 지어 줬어요.

23년 동안 홀로 살던 로빈슨 크루소에게 처음으로 함께 지낼 사람이 생긴 거였죠.

고전 속 지혜 배우기

23년 동안 누구의 도움도 받을 수 없는 고립무원(孤立無援)의 무인도에서 홀로 산 로빈슨 크루소. '프라이데이'와 함께 살 수 있게 되자 얼마나 기뻤을까요? 역시 사람은 혼자 살 수 없나 봐요.

고전 깊이 읽기

고난에 처한 인간의 생존기, <로빈슨 크루소>

〈로빈슨 크루소〉의 작가 대니얼 디포의 삶을 살펴보면, 온갖 고난을 겪으면서도 끝까지 살아남은 로빈슨 크루소와 많이 닮아 있어요.

1660년 영국에서 태어난 대니얼 디포는 20세에 양말을 파는 사업을 시작했죠. 하지만 열심히 일하기보다는 정치에 관심을 가졌어요. 그러니 사업을 해서 돈을 벌기는커녕 빚만 늘어났죠. 그래서 빚쟁이를 피해 한참을 숨어 다니기도 했어요. 그러다 결국 정신을 차리고 벽돌 장사를 해서 그 빚을 갚아 나갔죠.

또 디포는 영국에서 일어난 반란 사건에 연루된 적도 있어요. 그는 왕의 반대파에 섰다가 체포당해서 처형당할 위기에 놓였죠. 그러다 사형 직전에 겨우 죄를 면하고 살아남았어요. 그 후에도 정치를 비판하는 글을 썼다가 감옥에 들어간 적도 있었고요.

그런데 놀랍게도 감옥에서 지낼 때의 경험이 디포에게는 큰 도움이 되었어요. 동료 죄수들에게서 들은 재미난 이야기가 〈로빈슨 크루소〉를 비롯한 여러 작품을 쓰게 만든 힘이 되었던 거죠.

감옥에서 풀려난 디포는 60세 가까운 나이에 〈로빈슨 크루소〉를 썼어요. 그동안 무명작가로 지냈던 디포는 〈로빈슨 크루소〉 한 권으로 단숨에 유명해졌죠.

홀로 거친 자연에 내던져져서 살아남기 위해 노력한 로빈슨 크루소의 이야기는, 이후 수많은 모험 이야기에 많은 영향을 끼쳐요. 열다섯 명의 소년들이 모험을 하며 살아가는 〈15소년 표류기〉에 나오는 '서비스'라는 소년이 즐겨 읽는 책으로 등장하기도 하죠.

<피그말리온> 속 괄 목 상 대

刮 目 相 對

비빌 눈 서로 대할

괄 목 상 대

남의 학식이나 재주가 갑자기 늘어 다시 보게 됨.

꽃 파는 처녀, 공작부인이 되다!

“나는 지금껏 그렇게 교양 있는 영어를 말하는 여인을 본 적이 없습니다.”

“그건 나도 마찬가집니다. 분명 그 여인은 전통 깊은 귀족 가문의 자제일 겁니다.”

“아뇨, 아닙니다. 그 여인은 헝가리의 공주가 확실해요. 헝가리인이자 모든 세계를 다녀 본 내가 자신합니다.”

런던 대사관에서 열린 가든파티에 모인 영국의 명사들은 열띤 토론을 펼치고 있었어요. 그들이 말하는 ‘여인’은 바로 파티에 처음 모습을 드러낸 신비스러운 여인 일라이자 두리틀을 가리키는 것이었어요. 아름다운 옷과 화려한 보석, 우아한 몸동작에 아름다운 외모까지. 두리틀이 파티장에 입장하자마자 사람들의 시선은 모두 그녀를 향했죠. 하지만 사람들이 진정 감탄한 건 그녀가 말을 할 때였어요.

영국은 지역과 계급에 따라 쓰이는 영어가 달랐어요. 그래서 영어 발음만 들어도 그 사람이 귀족인지 하층민인지, 런던 사람인지 웨일스 사람인지 알 수 있었죠.

그런데 두리틀이 쓰는 영어는 그야말로 완벽한 영어였어요. 실제로 빅토리아 여왕을 만났던 한 귀족은 "여왕님과 똑같은 영어를 쓰고 있었어요."라며 호들갑을 떨며 말했죠. 그러니 다른 나라의 공주임에 틀림없다는 이야기가 나올 법했죠.

벽에 기대서 토론을 펼치는 사람들을 지켜보던 히긴스는 슬며시 웃음이 새어 나오는 걸 참을 수 없었죠.

'저 사람들이 두리틀의 진짜 정체를 알면 어떤 바보 같은 표정을 지을지 정말 궁금한걸?'

히긴스는 세계적으로 뛰어난 언어학자였어요. 특히 런던지방의 사투리 연구에는 타의 추종을 불허했죠. 그의 취미는 런던의 광장에 나가서 각 지방 사

람들이 쓰는 사투리를 메모하는 거였어요. 그리고 그곳에서 그는 처음으로 두리틀과 만났어요.

“꽃 사쎄요우우. 이쁜 꽃이에요우우.”

‘세상에, 저렇게 끔찍한 발음이라니. 저래 가지고는 꽃 파는 가게에 취직하기는커녕, 평생 이 거리를 벗어나지 못하겠군.’

그때 그의 머릿속에 기발한 상상이 하나 떠올랐어요. 바로 ‘꽃 파는 처녀라도 완벽한 영어를 가르친다면 공작부인처럼 보이게 할 수 있지 않을까?’ 하는 것이었어요. 히긴스는 동료 언어학자 피커링과 그런 일이 가능할지 불가능할지 토론을 했어요. 피커링은 ‘불가능하다’에, 히긴스는 ‘가능하다’에 내기를 걸었죠. 히긴스는 그녀를 자신의 하숙집으로 데리고 갔어요. 그리고 6개월 동안 언어교육과 예의범절 교육을 시켰죠. 두리틀은 뛰어난 노력으로 히긴스조차 괄목상대할 만큼 영어실력이 늘었어요.

그 결과는? 보시다시피, 나름 영어를 쓴다고 자부하던 영국의 신사 숙녀들이 모두 그녀를 외국의 공주로 오해하는 상황이 펼쳐진 거예요.

단지 꽃가게에 점원으로 취직하고 싶어서 공부를 시작했던 두리틀은 이 상황이 얼떨떨하기만 할 뿐이었어요.

고전 속 지혜 배우기

엉터리 영어를 쓰던 꽃 파는 처녀 두리틀이 6개월 사이에 공주라는 이야기를 듣게 되었네요. 이전의 두리틀을 알던 사람들은 괄목상대(刮目相對)할 만큼 달라진 그녀를 보고 깜짝 놀라겠는걸요?

고전 깊이 읽기

<피그말리온>의 끝은 해피엔딩이 아니다?

영국의 극작가 조지 버나드 쇼가 쓴 희곡 〈피그말리온〉은 그 제목에서 알 수 있듯이 그리스의 '피그말리온 신화'에서 영감을 받은 얘기예요.

신화 속에서 그리스 최고의 조각가 피그말리온은 자신이 만든 여인의 조각상에 사랑을 느끼죠. 그 모습을 본 사랑의 여신 아프로디테는 여인의 조각상에 생명을 불어넣어 줘요. 살아난 여인상은 피그말리온을 보자 사랑에 빠지게 되고, 둘은 결혼하게 되죠. 어때요, 훌륭한 해피엔딩이죠?

버나드 쇼의 〈피그말리온〉 역시 신화와 비슷하게 흘러가요. 뛰어난 언어학자 히긴스는 엉터리 영어를 쓰는 꽃 파는 처녀 두리틀을 데리고 가 교육을 시키죠. 그리고 조각상에 생명을 불어넣듯, 두리틀을 교양 있고 아름다운 여인으로 탄생시키죠.

그런데 이 이야기의 끝은 히긴스와 두리틀이 사랑하며 끝나는 해피엔딩이 아니에요. 두리틀은 히긴스가 자신을 두고 내기를 했다는 사실에 화를 내고, 히긴스는 그녀를 잡기는커녕 오히려 어이없어 하며 화를 내요. 그렇게 둘은 말싸움을 벌이며 극은 막을 내리죠.

그런데 많은 사람들이 이 결말이 마음에 들지 않았나 봐요. 후에 이 작품을 원작으로 만들어진 영화나, 뮤지컬 〈마이 페어 레이디〉에서는 둘이 서로 사랑을 확인하는 걸로 결말이 바뀌거든요. 그러면서 〈피그말리온〉은 더욱 큰 인기를 끌었죠.

그래서일까요? 정작 버나드 쇼는 이 작품을 별로 좋아하지 않았다고 해요. 결말이 다른 사람들의 생각대로 바뀐 게 마음에 들지 않았던 거죠.

權 謀 術 數
권세 꾀할 꾀 셀

권 모 술 수

목적 달성을 위해 남을 교묘하게 속이는 일.

이아고의 무서운 음모

“어떻게 이럴 수 있지? 내가 아니라 샌님 같은 캐시오를 부관으로 뽑다니.”

베니스 공국의 군인 이아고는 짜증이 나 어쩔 줄 몰랐어요. 지금껏 베니스 공국 군대의 2인자인 부관이 되기 위해 노력한 일이 모두 물거품이 되었기 때문이죠. 하지만 여기서 알아 둬야 할 건, 이아고는 나라를 지키고 전쟁을 승리로 이끌기 위해 부관이 되고 싶어 했던 게 아니란 거예요.

이아고는 잔꾀로 남을 속여 자신의 이득을 챙기는 데에만 관심이 있는 이기적인 인간이었어요. 부관이 되고 싶어 한 것도, 군대의 2인자라는 권력을 휘둘러서 자기 배를 불리려는 수작이었던 거죠. 그런데 그 야심이 물거품이 되어 버린 거예요.

"그 멍청한 무어인 놈이 나를 무시하다니."

이아고가 말하는 '무어인'은 바로 자신의 상관이자 군대의 장군인 오셀로를 가리키는 말이었어요.

무어는 그리스말로 '검다'라는 뜻이에요. 그러니 무어인은 흑인을 가리키는 말이죠. 백인들로만 구성되어 있던 중세 유럽에서 흑인은 엄청난 차별을 받아 왔어요. 오셀로 역시 피부색이 다르다는 이유만으로 노예로 끌려가기까지 한 아픈 과거가 있었어요. 하지만 오셀로는 전쟁터에서 수많은 업적을 세웠고, 그 공을 인정받아 장군에까지 오를 수 있었어요. 그리고 뛰어난 미모로 이름 높았던 베니스 귀족의 딸, 데스데모나와 결혼까지 했죠.

그동안의 수많은 경험을 통해 사람 보는 눈이 깊어진 오셀로는 캐시오의 능력을 알아보고 그를 부관으로 뽑았어요. 그건 분명 잘한 결정이었죠. 하지만 그런 오셀로보다 한 수 위인 게 바로 이아고였죠.

이아고는 오셀로 앞에서는 간이라도 빼 줄 것처럼 충성심 높은 모습을 보였어요. 이아고의 실력은 믿지 못하는 오셀로도 그의 충성심만은 높이 샀어요. 그게 모두 이아고의 연기라는 걸 눈치채지 못하고 말이죠.

"어떻게 하면 캐시오를 쫓아내고 내가 부관 자리를 차지할 수 있을까? 그 김에 나한테 모욕을 준 무어인 놈한테도 망신을 주면 더 좋고."

잠시 고민하던 이아고의 머릿속에 번뜩, 놀라운 생각이 스쳤어요. 아니, 그건 놀랍다기보다 무시무시한 생각이었죠.

"그래, 캐시오가 나보다 머리는 나빠도 얼굴은 번듯하니 잘생긴 편이지. 그리고 데스데모나도 예쁘기로는 두말하면 입 아프고. 둘이 세워 놓으면 꽤 괜찮은 그림이 된단 말씀이야. 만약에 내가 살짝만 수를 써서 이 둘이 몰래 사귄다고 오셀로에게 이야기하면, 그 성질 급한 놈은 분명 내 말을 믿을 거란 말이야. 그럼 캐시오는 파리 목숨이고, 부관 자리는 나한테 떨어지겠지?"

이아고는 자신의 이득을 위해서 한 사람의 생명을 꺼트리고, 행복한 부부를 파탄에 이르게 할 끔찍한 권모술수를 짜기 시작했어요. 그의 얼굴에 비열한 웃음이 떠올랐죠.

고전 속 지혜 배우기

이아고는 어쩌면 저렇게 못된 권모술수(權謀術數)를 꾸밀 수 있죠? 아무리 이야기 속 인물이라지만 소름이 끼치네요. 저런 이아고 같은 사람에게 속지 않기 위해서라도 우리는 책을 읽고 공부를 하며 진실을 살피는 능력을 키워야 해요.

오셀로는 아무 잘못이 없었을까?

셰익스피어의 4대 비극 중 하나인 〈오셀로〉는 잘못된 의심으로 파멸하는 주인공 오셀로의 비극적인 모습을 보여 줘요.

이 작품에서 주인공보다 훨씬 더 유명한 악역인 이아고는 자신의 이득을 위해서라면 다른 사람들의 불행은 안중에도 없는 악의에 가득 찬 인물이에요. 그는 오셀로에게 접근해 이야기해요.

"장군님이 가장 사랑하는 아내 데스데모나와, 장군님이 가장 아끼는 부하 캐시오가 몰래 사귀고 있습니다!"

오셀로는 처음에는 그 말을 믿지 않아요. 하지만 이아고의 말에 서서히 속아 넘어가고 말아요. 그리고 캐시오와 데스데모나가 함께 있는 걸 보고는 분노로 인해 데스데모나를 죽이는 끔찍한 일을 저지르고 말아요. 그 직후, 이 모든 일이 이아고가 꾸민 일이라는 게 밝혀지자 오셀로는 스스로 목숨을 끊죠.

이 모든 게 이아고의 계획이긴 하지만, 생각해 볼 문제가 있어요. 과연 오셀로에게는 아무 잘못이 없었을까요?

사실 오셀로는 백인 사회에서 혼자만 흑인이라는 데에 심한 열등감을 느끼고 있었어요. 그 열등감 때문에 이아고의 말을 더 쉽게 믿었던 거죠. 만약 오셀로에게, 데스데모나에게 사실을 물어볼 수 있는 자신감만 있었더라면 이 모든 비극은 일어나지 않았을 텐데 말이에요. 정말 안타까워요.

勸 善 懲 惡

권할 착할 징계할 악할

권 선 징 악

착한 행실을 권장하고, 악한 행실에 벌을 줌.

고난의 길을 지나 천국으로

아내와 자식들과 함께 단란한 가정을 이루고 살아가던 크리스천은 어느 날 놀라운 경험을 해요. 갑자기 자신의 어깨에 무거운 짐이 올려지고, 손에는 책 한 권이 들리죠. 그 책을 읽은 크리스천은 자신이 사는 도시의 이름이 '멸망의 도시'이며, 이제 곧 이 도시에 멸망이 찾아오리라는 걸 알고 크나큰 슬픔에 빠져요.

몇 날 며칠을 고민하던 크리스천은 결국 아내와 자식들을 불러서 이야기했어요.

"여보 그리고 내 아들딸들아. 이 도시는 이제 얼마 후면 하늘에서 떨어지는 불을 맞고 잿더미가 될 거란다. 우리 함께 이 도시를 떠나 구원을 받자꾸나."

그 말에 아내와 자식들은 걱정스러운 표정을 지었어요. 도시가 멸망할까 봐 그러는 게 아니라, 크리스천이 정신이 나간 거라고 믿었기 때문이었죠.

결국 크리스천은 홀로 길을 나섰어요. 하지만 자신도 어디로 가야 할지 알지 못해 헤매기만 했죠.

그러다 그는 전도사를 만나, 좁은 문을 지나 곧은길을 쭉 걸으면 천국에 다다라 구원을 받을 거라는 사실을 알게 되었어요. 신이 난 크리스천은 곧장 곧은길로 향했죠.

"길을 따라 걷기만 하면 된다니, 이렇게 쉬운 일이 어디 있단 말인가?"

하지만 그런 크리스천의 생각은 잘못된 것이었어요.

길의 시작부터 크리스천은 '절망의 늪'에 빠져 허우적거리다 겨우 빠져나왔어요. 쇠사슬에 묶인 사자 두 마리를 보고 공포에 질려 머뭇거리기도 했죠. 악마가 나타나 그의 앞길을 막은 적도 있었어요.

"멈춰라, 바보 같은 인간아. 만약 가려고 한다면 내가 불창으로 너를 없앨 것이다!"

"비켜라, 악마여. 나는 꼭 이 길 끝의 천국으로 갈 것이니라."

크리스천과 악마는 반나절 동안 치열한 전투를 벌였어요. 하지만 하느님의 가호를 받은 크리스천은 결국 악마에게 치명상을 입히고 그를 쫓아냈죠.

하지만 그런 어려움보다 크리스천을 더욱 힘들게 만든 건 사람들이었어요. 물론 크리스천에게 따스한 음식을 주고 포근한 잠자리를 마련해 준 착한 이들도 있었죠. 하지만 대부분은 그를 믿지 않고 조롱하기까지 했죠.

"세상이 망하다니, 정신이 나갔구먼."

"그렇게 정직하게 걸어서 대체 언제 도착합니까? 샛길로 몰래 빠져나가면 되지."

"이 뒤는 죽음의 골짜기예요. 더 가면 당신은 죽어요."

심지어 어떤 이들은 그가 사람들을 모욕했다며 재판에 넘겨 죽여야 한다고까지 말했죠. 하지만 크리스천은 그런 고난을 겪으면서도 권선징악은 이루어질 거라는 마음으로 길을 걷는 걸 포기하지 않았죠.

높은 산을 넘고, 깊은 강물을 건너며 크리스천은 길을 걸었어요. 그리고 드디어 태양처럼 빛나는 도시를 만날 수 있었어요.

"이곳이 바로 천국이로구나!"

크리스천의 눈에서 기쁨의 눈물이 흘러내렸어요.

고전 속 지혜 배우기

수많은 고난과 사람들의 비웃음을 무릅쓰고 구원의 여행길에 오른 크리스천이 드디어 천국에 도착했어요! 그리고 그를 비웃던 사람들은 지옥으로 떨어졌죠. 그야말로 권선징악(勸善懲惡)이 이루어진 것이죠.

고전 깊이 읽기

천국으로 향하는 길을 이야기한 〈천로역정〉

17세기 영국의 작가 존 버니언이 쓴 소설 〈천로역정〉은 천국으로 다다르기 위한 크리스천의 모험을 다룬 이야기예요. 기독교에 대해 쉽게 접근할 수 있도록 쓰인 이야기였기에, 성경 다음으로 많은 기독교인들이 읽은 이야기이기도 하죠.

〈천로역정〉은 한국 근대에 나온 첫 번역 소설이기도 해요. 1895년 캐나다의 선교사인 제임스 게일 목사가 이 책을 한글로 번역해서 우리나라에 소개했거든요. 이 외에도 최소한 100개의 언어로 〈천로역정〉이 번역되었다고 해요.

그런데 왜 이렇게 많은 사람들이 〈천로역정〉을 좋아하는 걸까요? 그건 아마도 이 소설 속 주인공 크리스천이 온갖 고난을 이겨 내고 천국에 다다른다는 '권선징악(勸善懲惡)'의 결말을 보여줘서 그럴 거예요.

사실 수많은 옛날 소설들은 대부분 권선징악이라는 결말을 보여주고 있죠. 당시 소설을 쓰고 읽던 사람들이 대부분 서민들이라서 그럴 거예요. 서민들은 현실에서는 부패한 권력층들에게 많은 고통을 받았거든요. 그래서 이야기 속에서만이라도 정의가 승리하길 바라는 간절한 마음을 담아낸 거예요.

近 墨 者 黑
가까울 먹 사람 검을

근 묵 자 흑

먹을 가까이 하면 검어진다는 뜻으로,
악한 사람을 가까이하면 자신도 나빠짐.

주변 사람들 때문에 점점 타락하는 착한 여자

"드디어, 나만의 세탁소를 가지게 되었어. 이제 행복해질 일만 남았구나."

제르베즈는 눈앞에 있는 새로운 세탁소를 바라보며 미소 지었어요.

19세기의 파리에서는 여성들이 할 수 있는 일이 많지 않았어요. 그중 가장 고된 일은 제르베즈가 하는 세탁부 일이었죠. 세탁소 사장이 준 더러운 옷을 일일이 손으로 빨고, 빨래 방망이로 두들겨 말린 후, 다리미로 다리다 보면 몸이 물 먹은 솜처럼 축 늘어졌죠. 하지만 제르베즈는 세탁부 일을 하루도 쉬지 않고 12시간씩 하며 돈을 모았어요. 그녀에게는 꿈이 있었거든요.

바로 자신이 직접 세탁소 사장이 되어 많은 돈을 벌겠다는 꿈이었죠.

'그렇게만 된다면 나도 행복할 수 있을 거야.'

사실 그동안 제르베즈의 삶은 한 번도 행복한 적이 없었어요. 파리 하층민 거리에서 태어나고 자란 제르베즈는 한쪽 다리가 불편했어요. 그 때문에 아름다운 외모를 타고났음에도 늘 자신이 불행하다고만 생각했죠. 그녀의 첫 남편 랑티에는 그녀가 세탁부로 버는 돈으로 놀고먹다 집을 나가 버리기까지 했어요.

그런 제르베즈에게도 잠시 행복이 찾아온 적이 있었어요. 랑티에가 떠나버린 후, 술이라고는 입에도 대지 않는 성실한 남자인 쿠포를 만나 재혼을 하고 나나라는 예쁜 딸도 낳았죠. 제르베즈가 세탁소를 가지겠다고 결심하고 돈을 모은 것도 그때부터였어요.

그런 제르베즈가 드디어 세탁소를 차리게 된 거예요.

그렇다면 제르베즈의 바람처럼 그녀의 인생은 행복해졌을까요? 슬프지만 아니었어요.

"이봐, 술 없어? 빨리 술 가지고 와!"

남편 쿠포의 목소리가 집안을 떠들썩하게 울렸어요. 쿠포는 지붕을 고치는 일을 하다 떨어져 다리를 크게 다쳤죠. 그때부터 그는 일도 나가지 않고 술을 입에 대기 시작했어요. 그러면서 성격도 점점 난폭해져 갔죠.

남편이 일을 하지 않고 놀기만 하자, 제르베즈가 아무리 열

심히 돈을 벌어도 집안 사정은 점점 나빠져만 갔어요. 쿠포가 다쳤을 때 치료비로, 모아 둔 돈을 다 써 버린 터라 세탁소를 낼 때 진 빚을 갚는 데만 해도 많은 돈이 들어갔거든요.

거기에다 제르베즈를 더욱 힘들게 한 건 이웃들의 질시 어린 눈총이었어요. 제르베즈가 세탁소 사장이 되자 배가 아팠던 거죠. 그래서 그녀가 망하길 은근히 바라기도 했고, 그녀가 낭비를 하도록 부추기기도 했어요.

제르베즈는 원래 착하고 올곧은 마음씨를 가졌던 여인이었어요. 그렇지만 근묵자흑이라는 말처럼, 남편을 비롯한 주변 사람들의 영향을 받아 서서히 변해 갔죠. 엄청난 식탐이 생겨나 맛있는 음식이 있으면 볼이 미어터져라 먹어 댔고, 한 번 먹기 시작하면 사랑하는 딸 나나도 쳐다보지 않았어요. 하지만 그녀는 자신의 문제를 깨닫지 못했어요.

'이렇게 열심히 사는데 이 정도는 괜찮아. 괜찮다고…….'

아름다웠던 제르베즈의 모습은 점점 추해져 갔어요.

고전 속 지혜 배우기

착한 마음씨를 가지고도 주변 사람들 때문에 변해 가는 불쌍한 제르베즈! 나쁜 사람 곁에 가면 자신도 나빠진다는 근묵자흑(近墨者黑)의 교훈을 알았다면 좋았을 텐데 말이죠.

고전 깊이 읽기

나만 잘사는 것이 전부가 아니다!

흔히들 현대사회를 '무한 경쟁사회'라고 말해요. 어떤 일을 하더라도 상대를 이기고 승리하는 걸 최고로 안다는 거예요. 공부를 할 때도, 운동을 할 때도, 심지어는 놀 때도 마찬가지죠.

이렇게 서로 경쟁하는 게 당연한 일이 되어 버리니 생기는 문제가 있어요. 바로 이기주의죠. 상대방이 어떻게 되든 상관없이 '나만 잘살면 되지.'라고 생각한다는 거예요. 하지만 그게 잘못된 생각이란 걸 우리는 〈목로주점〉을 통해 알 수 있어요.

〈목로주점〉의 주인공 제르베즈는 아름다운 외모와 착한 마음씨 그리고 성실함까지 갖추고 있었어요. 하지만 제르베즈가 아무리 노력해도 그녀는 행복해질 수 없었죠. 제르베즈를 둘러싼 환경이 그녀가 행복해지는 걸 막았기 때문이에요.

19세기 프랑스의 위대한 작가 에밀 졸라가 〈목로주점〉을 쓴 이유도 바로 그 사실을 알리기 위해서였어요. '인간은 사회의 영향을 받는다. 그렇기에 사회가 변하지 않는다면 아무리 인간이 노력해도 자신의 운명을 바꿀 수 없다.'라는 게 에밀 졸라의 생각이었거든요.

우리가 검어지지 않기 위해서는 우리 주변에서 먹을 치워야 해요. 그와 마찬가지로 우리가 행복하기 위해서는 사회를 행복하게 만들어야 한다는 걸 잊지 마요.

今 時 初 聞

이제 때 처음 들을

금 시 초 문

이제야 비로소 처음 들음.

전설의 검으로 영국의 왕이 된 아서

멀고 먼 옛날, 영국은 커다란 혼란에 빠져 있었어요. 영토는 여러 개로 쪼개져 있었고, 영토의 주인들은 서로 영국의 왕이 되겠다며 끝없는 전투를 벌였어요. 그 가운데 고통받는 건 힘없는 백성들뿐이었죠. 백성들은 황폐해진 땅과 불타는 숲을 바라보며 눈물을 흘렸어요.

인간과 요정 사이에서 태어난 위대한 대마법사 멀린은 그 모습을 보며 마음이 아파 왔어요.

'원래는 세상의 일에 끼어들지 않기로 했지만, 안 되겠어. 내가 나서야지.'

멀린은 호수로 향했어요. 그리고 주문을 외우자, 이럴 수가! 호수에서 영롱한 기운이 피어오르더니 호수의 요정이 은빛 찬란한 검을 던져 주는 게 아니겠어요?

멀린은 검을 들고 숲으로 향했어요. 그리고 가장 커다란 바위에 검을 꽂아 넣었죠.

"바위에 꽂힌 검을 뽑는 자가 영국의 왕이 될 것이다!"

그 말 한마디를 남긴 채, 멀린은 연기처럼 사라졌어요.

전설의 검에 대한 소문은 곧 영국 전역에 퍼졌어요. 그러자 수많은 기사들은 싸움을 멈추고 숲으로 모여들었죠. 다들 검을 뽑으려 했지만, 검은 꿈쩍도 하지 않았어요.

십수 년이 흐른 후의 일이에요. 그날도 기사들은 숲에 모여 검을 뽑으려 하고 있었죠. 그때 숲에 한 소년이 찾아왔어요.

소년은 전쟁 중 버려진 아이로 부모가 누군지, 자신의 이름이 무엇인지도 몰랐어요. 사실 하루 한 끼 먹고살기도 바쁜 소년은 그런 것에 신경 쓸 틈이 없었어요. 그러다 전설의 검에 대한 이야기를 처음 들었어요.

"그런 검이 있단 말이야?"

전설의 검에 대해서 금시초문이었던 소년은 처음으로 검을 구경하러 왔어요.

한참을 검에 매달려 낑낑거리던 기사들은, 해가 중천에 떠오르자 모두 지쳐 쓰러지고 말았어요. 그때 구경을 하던 소년이 마치 이끌리듯 검으로 다가갔어요.

그 모습을 본 한 기사가 외쳤어요.

"이것 봐, 저 꼬마가 검을 뽑아서 우리들의 왕이 되려고 하는구먼!"

그 말에 모두들 소년을 비웃었어요. 하지만 검 앞에 선 소년은 아무 목소리도 들리지 않았어요.

'이상해. 이 검은 마치 처음부터 내 것인 것만 같아.'

소년은 전설의 검의 손잡이를 잡았어요. 그리고 슬쩍 힘을 주었어요. 그러

자 스르륵– 하는 소리와 함께 검이 부드럽게 뽑히는 게 아니겠어요!

기사들은 다들 놀라 얼떨떨한 눈으로 소년을 바라보았어요. 소년 역시 놀란 눈으로 자신의 손에 들린 검을 바라보았죠.

그때! 소년의 앞에 나타난 이가 있었어요. 그는 바로 사라진 대마법사 멀린이었죠.

"전설의 검을 뽑은 소년이여, 너의 이름은 아서. 영국 통일을 눈앞에 두고 죽음을 맞이한 브리튼 지역의 군주 우터의 아들, 아서다!"

그 말을 들은 아서는 검을 번쩍 치켜 들었어요. 모든 기사들은 아서에게 무릎을 꿇었어요. 영국을 통일할 위대한 왕, 아서왕이 탄생하는 순간이었어요.

고전 속 지혜 배우기

대마법사 멀린에게서 자신의 이름과 진정한 모습에 대해 처음 들은 소년, 아서. 금시초문(今時初聞)인 말을 듣고 얼마나 놀랐을까요? 하지만 아서는 곧 자신의 임무를 깨닫고 왕이 되기 위한 길에 올라요. 정말 진정한 영웅의 모습이지 않나요?

고전 깊이 읽기

아서왕이 뽑은 칼은 엑스캘리버가 아니다?

자신을 따르는 원탁의 기사들과 함께 영국을 통일하는 아서왕의 모험 이야기는 모든 어린이들이 좋아하는 이야기예요.

이 이야기에서 아서왕만큼 유명한 것이, 바로 아서왕의 칼 엑스캘리버예요. 놀라운 마법이 걸려 있어서 한 번 휘두르기만 해도 모든 적을 쓰러트릴 수 있다는 엑스캘리버는 지금도 많은 판타지 소설이나 게임에서 환상의 무기로 등장해요.

많은 사람들이 아서가 바위에서 뽑은 칼을 엑스캘리버라고 믿고 있어요. 그런데 여기서 대부분 처음 듣는 금시초문(今時初聞)인 이야기를 해 볼게요. 바로 바위에서 뽑은 칼이 엑스캘리버가 아니라는 주장도 있다는 거예요. 아서왕 이야기를 보면, 아서왕이 전투를 벌이다 바위에서 뽑은 칼을 부러뜨리는 장면이 나와요. 그래서 멀린이 호수의 요정에게서 새로운 칼을 받아 오는데, 그 칼이 바로 엑스캘리버라는 이야기예요.

사실 아서왕 이야기는 먼 옛날부터 전해져 내려오며 수많은 신화들과 뒤섞였어요. 그래서 뭐가 맞는 주장인지 알 수 없게 되어 버렸죠.

엑스캘리버에 대한 이야기를 하나 더 하자면, 엑스캘리버는 칼뿐만 아니라 칼집에도 엄청난 마법이 걸려 있어요. 칼집을 가지고 있는 사람은 끊임없이 체력이 회복되어 절대 죽지 않는다고 해요. 멀린은 아서왕에게 엑스캘리버는 칼보다 칼집이 더 중요하다고 말해요. 남을 해치는 것보다 자신을 지키는 것이 더욱 중요하다는 뜻이죠. 싸우기 위한 전쟁이 아니라 지키기 위한 전쟁을 하라는 말도 함께 해요. 그러고 보면 멀린은 정말 평화를 사랑했나 봐요.

起 死 回 生
일어날 죽을 돌아올 살

기 사 회 생

거의 죽을 뻔하다가 다시 살아남.

하늘에서 쫓겨난 선녀, 숙향

먼 옛날, 중국의 송나라에서 전쟁이 벌어졌어요. 수많은 가족들은 서로 의지하며 피란길에 올랐어요. 그런데 그중 홀로 길을 걷는 다섯 살 소녀가 있었어요. 그 소녀의 이름은 숙향이었어요.

숙향은 전쟁통에 부모님과 헤어지고 말았죠. 그래서 부모님을 다시 만나려고 이곳저곳을 돌아다니던 중이었어요.

"엄마, 아빠. 어디 계세요? 흑흑흑……."

다른 피란민들은 그런 숙향이 안타까워 혀를 끌끌 찼어요. 하지만 자기 아이도 챙기기 힘든 상황이라 애써 외면하고 지나갈 수밖에 없었죠.

시간이 흘러 밤이 되었어요. 숙향은 불빛 하나 보이지 않는 산길을 홀로 걸었어요.
그런데 산길을 걷던 숙향의 눈앞에 으리으리한 궁전이 나타났어요. 숙향은 놀라 생각했어요.
산속에 이렇게 으리으리한 궁전이 있다니!'
그때 궁전의 문이 열리더니 인자한 얼굴의 할머니가 나왔어요. 그러더니 갑자기 고개를 숙이는 게 아니겠어요?
"오랜만입니다, 선녀님."
"선녀님이라뇨? 할머니, 무슨 말씀이세요?"
당황한 숙향은 손사래를 쳤어요. 할머니는 미소를 띠며 숙향에게 따뜻한 차를 건넸어요. 추위에 몸이 떨려 어쩔 줄 몰랐던 숙향은 얼른 차를 받아 마셨죠.
그리고 그 순간, 숙향은 모든 기억이 돌아왔어요. 자신이 원래 달에서 지내

던 아름다운 선녀였고, 옥황상제에게 큰 죄를 지어 인간세상으로 쫓겨났다는 걸 말이에요.

"그래, 이제 모두 기억나……. 당신은 땅의 신인 후토부인이시죠?"

"네, 맞습니다. 오늘은 늦었으니 제 집에서 주무시고 가세요. 어서 안으로 드시죠."

후토부인은 맛난 음식을 차리고 아름다운 음악을 연주하며 숙향을 지극정성으로 대접했어요. 하지만 숙향은 인간으로 태어나 만난 부모가 걱정되어 음식이 넘어가지 않았어요.

"후토부인, 제 부모가 어디 계신지 알고 있으신가요?"

"그럼요. 하지만 지금은 만나지 못합니다. 15년 후에나 뵙게 될 겁니다."

"15년이나 기다려야 한다고요?"

"어쩔 수 없습니다. 그리고 선녀님은 오늘과 같은 기사회생의 고비를 네 번 더 넘기셔야 합니다. 그래야만 천상에서 지은 죄를 씻고 다시 선녀가 되실 수 있답니다."

오늘도 그리 끔찍했는데, 앞으로 이런 고비를 네 번이나 더 넘겨야 하다니! 숙향은 눈앞이 캄캄해졌어요.

고전 속 지혜 배우기

죽을 뻔하다 겨우 살아나는 기사회생(起死回生)의 고비를 한 번도 아니고 다섯 번이나 견뎌야 하다니! 숙향이 안쓰러워요. 하지만 결국 숙향은 모든 고비를 잘 넘겨서 다시 선녀가 되어 하늘로 올라가요. 정말 다행이죠?

고전 깊이 읽기

왜 주인공들은 끊임없이 기사회생할까?

〈숙향전〉 속 주인공 숙향은 다섯 번이나 죽을 고비를 넘긴 후에야 죄를 씻고 선녀로 돌아갈 수 있는 운명을 타고나요. 그야말로 고생길이 열린 거죠. 그런데 이야기를 보면 거의 대부분의 주인공들이 이야기 내내 온갖 고생을 다 하다가 마지막에야 겨우 행복해져요. 그 모습을 보는 게 안타까운 독자는 이런 볼멘소리를 하기도 하죠.

"주인공은 왜 맨날 고통받기만 하는 거야? 그냥 행복해지면 안 돼?"

하지만 그럴 수는 없어요. 왜 그렇느냐고요?

여러분이 시험을 앞두고 시험공부를 할 때를 생각해 보세요. 막상 공부를 하려고 책을 펼치면 왜 그렇게 유혹이 많을까요? 친구들은 같이 놀자며 불러대고, TV에서는 재미있는 프로그램만 하는 것 같고, 컴퓨터 게임도 훨씬 더 많이 하고 싶어져요. 그 모든 유혹을 참는 고통을 견디며 공부를 열심히 하면 어떻게 되나요? 시험 성적이 오르는 기쁨을 맛봐요. 어때요? 고통을 견디니 성장하는 기쁨이 생겼죠?

이처럼 이야기 속 주인공은 자신에게 다가오는 고통을 참고 견디며 성장해 나가죠. 숙향이 죽을 고비를 넘겨야만 선녀로 돌아가는 것처럼요. 그렇게 주인공이 성장하는 모습을 보기 위해 독자는 책을 읽는 거예요.

만약 숙향이 아무 일도 없이 다시 선녀가 된다면 어떨까요? 성장하지 않는 주인공을 보는 게 재미가 없어서 아무도 책을 읽지 않을 거예요.

그러니까 여러분들도 고통이 닥치면 생각하세요. 그 고통이 여러분을 성장시킬 양분이 될 거라고 말이에요!

奇 想 天 外

기이할 생각 하늘 바깥

기 상 천 외

보통 사람들이 생각할 수 없는 엉뚱하고 기발한 생각.

80일 만에 세계 일주가 가능할까?

1872년, 런던의 한 고급 주택가에는 필리어스 포그 경이라는 신사가 살고 있었어요. 포그 경은 어마어마한 부자에다 런던에서 가장 멋진 신사이기도 했어요. 하지만 그를 더욱 유명하게 만든 건 기계보다 더 철저하게 일과를 지키는 그의 모습 때문이었어요.

포그 경은 늘 정해진 시간에 정해진 장소에서 식사를 했어요. 쉴 때에도 똑같은 게임을 하고, 똑같은 신문을 읽었죠. 산책을 할 때에는 걷는 속도며, 보폭도 똑같았어요. 자신이 면도를 할 때 쓰는 물의 온도가 30도가 아니라 29도라는 이유 하나만으로 하인을 해고한 적도 있는 사람이었어요.

그런 성격이니 지금껏 포그 경은 런던 밖을 한 번도 벗어난 적이 없었어요.

그러던 어느 날, 포그 경의 일상을 완전히 뒤바꿀 만한 사건이 일어났어요.

1872년 10월 2일 11시 30분이 되자, 포그 경은 1분의 어긋남도 없이 길을 나섰어요. 그리고 늘 그렇듯이 점심과 저녁을 먹는 클럽에 도착했죠.

맛난 점심을 먹은 포그 경은 휴게실로 가서 신문을 읽기 시작했죠. 휴게실은 클럽 회원들의 이야기로 시끌벅적했어요. 그들의 주된 화제는 영국은행에서 5만 5,000파운드를 훔쳐간 도둑에 대한 이야기였어요. 과연 경찰이 도둑을 잡을 수 있냐는 거였죠. 앤드루라는 회원은 잡을 수 없다는 쪽이었어요.

"다른 나라로 도망치면 끝나는 거죠. 세상은 넓으니 어떻게 도둑을 잡겠습니까?"

그때 신문을 보던 포그 경이 처음으로 입을 열었어요.

"아뇨, 세상은 넓지 않습니다. 점점 좁아지고 있죠."

다들 포그 경이 입을 열자 깜짝 놀랐어요. 자신의 의견이 무시당하자 앤드루는 얼굴이 벌게졌어요.

"아무리 좁아진다고 해 봤자, 이 세상을 한 바퀴 도는 데 얼마나 걸리는 줄이나 아십니까? 100일이 훨씬 넘게……"

"아뇨, 딱 80일입니다."

그러면서 포그 경은 신문에 나온 기사를 보여주었어요. 그 기사는 인도를 관통하는 새로운 철도가 개통되었다는 기사문과 함께, 런던에서 여객선과 철도를 타고 인도와 홍콩, 일본, 미국을 거쳐 다시 런던으로 돌아오는 데 딱 80일이면 된다는 계산표를 보여주었죠. 하지만 지기 싫은 앤드루는 그건 계획일 뿐이라고 무시했죠.

그러자 포그 경이 잠시 생각하다 입을 열었죠. 그건 정말 기상천외한 말이었어요.

"좋습니다. 그럼 내기를 하죠. 오늘은 1872년 10월 2일. 전 저녁 8시 45분

기차를 타고 세계 여행을 떠나겠습니다. 80일 후, 1872년 12월 21일 저녁 8시 45분까지 다시 이곳에 오지 못한다면 제 재산의 절반을 내놓겠습니다."

모두들 농담인 줄 알았지만 포그 경은 진지했어요. 그리고 그날 저녁 8시 45분, 포그 경은 정말로 80일간의 세계 일주를 시작했어요.

고전 속 지혜 배우기

포그 경이란 사람, 정말 신기한 사람이죠? 모든 것을 계획에 맞춰 살아가던 사람이 갑자기 80일간의 세계 일주를 떠나겠다니.
그런데 여러분, 그거 아세요? 원래 세상을 움직이는 건 포그 경처럼 엉뚱하고 기발한 생각을 하는 기상천외(奇想天外)한 사람들이란 걸요.

실제로 80일간의 세계 일주에 나선 사람들

〈80일간의 세계 일주〉를 보면, 포그 경이 세계 여행을 떠났다는 소문이 퍼지자 그야말로 런던은 발칵 뒤집혀요. 모두들 모여서 과연 그게 가능할지에 대한 이야기를 나누고, 수많은 사람들이 내기에 참여했죠. 대부분 포그 경이 실패할 거라고 생각했지만, 결국 포그 경은 80일 만에 돌아와서 자신의 말을 훌륭히 증명해 냈죠. 여행의 결과로 아름다운 인도 여인 아우다 부인을 만나 결혼까지 했으니 그야말로 행복한 결말이었죠.

그런데 이 책이 나왔을 때 실제로 이 책대로 여행을 한 사람이 있다는 걸 아세요? 미국의 여성기자인 넬리 블라이는 〈80일간의 세계 일주〉를 읽고 큰 감명을 받아요. 그래서 자신이 직접 책 속의 코스대로 여행을 하며, 그 여행기를 신문기사로 쓰기로 하죠.

1889년 11월 14일, 넬리 블라이는 뉴욕에서 출발해 영국, 프랑스, 이탈리아, 스리랑카, 홍콩, 일본을 거쳐 다음 해 1월 25일에 뉴욕으로 돌아왔어요. 총 72일 6시간 7분 14초 만의 일이었죠. 블라이가 쓴 기사는 인기 폭발이었고, 그녀는 그 일로 단숨에 유명 인사가 되었어요. 재밌는 건 블라이가 프랑스를 지날 때 이 책의 작가인 쥘 베른과 만나기도 했다는 거예요.

그 이후로도 수많은 사람들이 〈80일간의 세계 일주〉처럼 여행을 다녔고, 그중에는 블라이의 기록을 깬 사람도 있었죠. 하지만 최초로 책 속 여행을 직접 다닌 블라이의 기상천외함은 영원히 기억될 거예요.

大 驚 失 色

큰 놀랄 잃을 빛

대 경 실 색

몹시 놀라 얼굴빛이 하얗게 질림.

괴물을 만들어 낸 프랑켄슈타인 박사

프랑켄슈타인은 부모님의 사랑을 독차지하고 지내던 착한 학생이었어요. 물론 엉뚱한 구석이 없진 않았죠. 돌을 금으로 만들려고 하는 중세 연금술사의 이야기를 엄청나게 좋아했거든요. 그는 연금술사의 책을 읽으며 자신도 언젠가는 자연의 신비를 파헤치겠다고 다짐하기도 했죠.

프랑켄슈타인이 열일곱 살이 되던 해, 엄청난 불행이 찾아왔어요. 프랑켄슈타인이 가장 사랑하던 어머니가 병에 걸리고 만 것이죠. 어머니를 치료하러 온 의사들은 모두 살날이 얼마 남지 않았다며 고개를 저었어요.

어머니는 숨을 거두는 마지막 순간, 프랑켄슈타인과 그의 여동생 엘리자베스를 불렀어요.

"이렇게 너희들과 헤어져야 하다니……. 우리 꼭 다음 세상에서 다시 만나자꾸나. 사랑한다, 내 아이들아."

어머니의 죽음은 프랑켄슈타인의 마음에 엄청난 충격을 주었어요.

'이제 다시는 어머니를 볼 수 없다고? 어제까지만 해도 나를 향해 따뜻한 미소를 지어 주셨는데? 대체 왜? 죽음이란 것이 대체 무엇이기에?'

이때부터 프랑켄슈타인은 '죽음'을 정복하고 '생명'에 대해 탐구하겠다는 마음을 지녔어요.

대학교에 들어간 프랑켄슈타인은, 화학자인 발트만 교수와 운명적으로 만나요. '괴짜'라는 이야기를 듣던 발트만 교수 역시 생명의 창조에 대한 연구를 진행하고 있었거든요. 프랑켄슈타인은 발트만 교수의 제자로 들어가 먹고 자는 것도 잊고 연구에 몰두했어요. 그리고 결국, 스승을 넘어서게 됐죠.

"이제 드디어 생명 창조의 비밀을 깨달았어! 이제, 실험을 할 차례야."

프랑켄슈타인은 발트만 교수에게 이야기하지 않고 은밀히 자신의 계획을 실행해 나갔어요. 인간을 만들 때 필요한 뼈와 근육 그리고 피부를 구하기 위해 묘지를 파헤치는 것도 서슴지 않았어요. 분명 잘못된 일이었지만, 이미 프랑켄슈타인은 정상적인 판단도 하지 못할 정도로 그 계획에 푹 빠져 있었죠.

프랑켄슈타인은 사랑하는 가족과도 연락을 끊고 2년 동안이나 실험에

몰두했어요. 그리고 드디어 11월의 어느 날 밤, 결실을 맞이하죠. 모든 준비를 마치고 전기기계로 충격을 주자, '그것'이 드디어 눈을 떴어요. 2미터가 넘는 거대한 몸을 일으키는 '그것'을 본 순간 프랑켄슈타인은 대경실색하며 깨달았어요.

'이럴 수가! 신이시여, 대체 내가 무엇을 만들어 냈단 말입니까!'

'그것'이 고개를 돌려 프랑켄슈타인을 보는 순간, 프랑켄슈타인은 끔찍함을 견디다 못해 밖으로 도망치고 말았어요. 프랑켄슈타인 뒤로 '그것'의 비명소리가 따라왔어요.

그때 프랑켄슈타인은 깨달았어요. 영원히 저 괴물 때문에 고통받을 거라는 걸요.

고전 속 지혜 배우기

인간을 창조하고자 하다니! 프랑켄슈타인의 생각은 얼마나 끔찍한가요? 자신이 만든 괴물이 자신을 보았을 때, 그는 대경실색(大驚失色)하며 자신의 잘못을 깨달았을 거예요.

고전 깊이 읽기

<프랑켄슈타인> 속 괴물의 이름은?

인간의 욕심으로 탄생한 끔찍한 괴물이 나오는 소설 〈프랑켄슈타인〉은, 과학을 소재로 한 최초의 SF소설이에요. 흔히들 끔찍한 괴물에 대한 묘사와 사람을 죽이고 다니는 괴물의 행동 때문에 〈프랑켄슈타인〉을 가벼운 공포 소설이라고 생각하기 쉬워요. 하지만 원작을 읽어 보면 생각보다 깊은 내용을 담고 있다는 걸 알 수 있어요.

그런데 〈프랑켄슈타인〉에 나오는 괴물의 이름을 '프랑켄슈타인'이라고 아는 경우가 많이 있어요. 하지만 사실 프랑켄슈타인이라는 이름은 괴물을 만든 박사의 이름이에요. 소설 속에 나오는 괴물은 이름이 없죠.

그런데 어떻게 박사의 이름인 '프랑켄슈타인'이 괴물의 이름이 되었을까요? 아마 이 소설에서 가장 충격적인 존재가 그 괴물이라서일 거예요. 〈프랑켄슈타인〉을 읽은 사람들은 다른 건 잊어도 괴물의 존재는 떠올렸을 거예요. 그러다 보니 점점 '〈프랑켄슈타인〉=괴물'이 되었고, 결국 '프랑켄슈타인'이 괴물의 이름이라고 착각하게 된 것이죠.

사람들이 착각하는 건 또 하나 있어요.

소설 속 기괴한 묘사와 끔찍한 이야기 때문에 이 소설을 남자가 썼다고 생각하는 사람이 많아요. 하지만 이 소설은 쓴 건 영국의 여성 소설가 메리 셸리예요. 그것도 그녀가 18세에 쓴 소설이죠. 셸리가 여름휴가 때 '무서운 이야기를 하는 놀이'를 하다 떠오른 이야기를 1년 동안 써서 낸 책이 바로 〈프랑켄슈타인〉이었어요.

杜 門 不 出

막을 문 아닐 날

두 문 불 출

세상과 인연을 끊고 나가지 않음.

귀찮아서 사랑도 포기한 오블로모프

학생은 학교에서, 직장인은 직장에서, 주부는 가정에서 모두 자신이 맡은 일에 충실히 임하고 있는 한낮. 오블로모프는 아직도 침대에 누워 있어요. 몸이 아픈 게 아니냐고요? 아니에요. 방금 전에 일어나 배가 고프다며 신 나게 식사를 한 후 다시 잠든 거거든요. 그럼 어제 밤늦게까지 일을 해서 피곤한 건 아니냐고요? 그것도 아니에요. 오블로모프는 어제도, 일주일 전에도, 한 달 전에도 이렇게 하루 종일 두문불출하며 침대에서 뒹굴거리고만 있었어요.

그래요, 오블로모프는 엄청난 게으름뱅이에요. 하고 싶은 것도 없고, 좋아하는 것도 없는, 하인이 없으면 양말 한 짝도 못 신는 러시아 최고의 게으름뱅이죠.

오블로모프가 처음부터 그런 게으름뱅이였던 건 아니었어요. 그는 귀족집안에서 태어나 대학교까지 나오며 열심히 공부를 했고, 한때는 관청에서 공무원으로 일한 적도 있었어요. 착한 마음과 순수한 영혼을 지니고 언제나 이상적인 세상을 꿈꾸던 멋진 청년이었죠.

오블로모프를 망친 건 모두 유산 때문이었어요. 오블로모프는 부모님이 돌아가시자 막대한 유산을 물려받게 되었죠. 거기에는 엄청난 농토와 그 땅에서 농사를 지을 하인들도 포함되어 있었죠. 자기는 손 하나 까딱하지 않고도 하인들이 농사를 지어 돈을 벌어 오니, 오블로모프는 스스로 일할 필요를 느끼지 못했어요.

'가만히 있어도 돈이 생기니, 잠시 쉬어 볼까?'

그 생각이 지금의 게으른 오블로모프를 만들어 낸 거죠.

그런 오블로모프를 안타깝게 여기는 이가 있었어요. 바로 그의 어릴 적 친구인 쉬톨츠였죠. 활동적인 성격을 지닌 쉬톨츠는 오블로모프를 세상 밖으로

끌어내려고 부단한 노력을 기울였어요.

“이것 봐, 오블로모프. 이렇게 침대에만 누워 있는 게 뭐가 재밌나? 나랑 같이 나가세. 가서 바람도 쐬고 세상 돌아가는 것도 보자고.”

쉬톨츠는 올가라는 아름답고 지성적인 여인을 오블로모프에게 소개시켜 주기도 했어요.

‘아무리 게으른 오블로모프라도 사랑에 빠지면 변하겠지?’

과연 쉬톨츠의 생각대로, 오블로모프는 적극적으로 변해 갔죠. 그리고 올가와 결혼하기로 했어요.

그런데 문제가 생겼죠. 막상 결혼을 하려고 하니 자신의 생활이 완전히 변하는 게 너무도 귀찮아진 거예요. 그래서 오블로모프는 올가를 불러 말하죠.

“아무래도, 저는 결혼하지 못할 것 같습니다. 저보다 더 좋은 남자를 찾으세요. 죄송합니다.”

그렇게 게을러서 사랑도 내던져 버린 오블로모프는 결국 운동 부족으로 심장병이 생겨 젊은 나이에 생을 마감하고 말아요.

고전 속 지혜 배우기

세상에 나가지 않고 두문불출(杜門不出)하며 게으른 생활을 하던 오블로모프의 모습이 너무 충격적이죠? 이 소설을 읽은 러시아의 지식인들도 엄청난 충격을 받았어요. 그래서 ‘무기력함’이나 ‘나태함’을 뜻하는 ‘오블로모프 기질’이라는 신조어도 생겼다고 해요.

<오블로모프>를 통해 알아보는 인간의 조건

"〈오블로모프〉는 그동안 보지 못했던 대작 중의 대작이다."

러시아의 위대한 작가 톨스토이가 〈오블로모프〉에게 보낸 찬사예요. 또 러시아의 문학사가 크로포트킨은 당시 〈오블로모프〉가 출간되었을 때 러시아 지식인들이 받은 충격에 대해 이렇게 기록했어요.

"〈오블로모프〉의 출간은 위대한 작가 투르게네프의 신작 이상의 대사건이다. 교육을 받은 러시아인들은 모두 〈오블로모프〉를 읽고 '오블로모프 기질'에 대해 이야기했다. 그리고 자신들 역시 오블로모프와 공통점이 있다는 걸 인정하고, 자신의 핏속에 오블로모프의 게으름 병이 흐르고 있는 걸 느꼈다."

〈오블로모프〉의 작가 이반 곤차로프는, 이 소설을 통해 '인간이란 무엇인가?'에 대한 질문을 던졌어요. 소설 속 오블로모프는 막대한 유산이 생기자 게으름에 빠져 아무 일도 하지 않죠. 그런 주인공의 모습에 많은 사람들이 충격을 받은 이유는, 그 모습에서 '살아 있다'는 느낌을 받을 수 없어서였어요. 침대에 누워 빈둥거리는 오블로모프는 마치 '움직이는 시체'와 같았어요.

소설을 읽은 독자들은 인간의 조건이 돈이 아니라, 자신의 목적을 지니고 열심히 사는 것이라는 사실을 알게 되었죠. 그리고 주인이 일을 하지 않아도 돈을 벌 수 있는 러시아의 사회제도가 잘못되었다고 생각하고, 그 제도를 바꾸기 위해 노력했어요.

러시아 작가 이반 곤차로프는 〈오블로모프〉를 비롯해 단 세 권의 책밖에 내지 않았지만, 인간에 대해 깊이 고민한 위대한 작가로 남게 되었어요.

明 若 觀 火
밝을 같을 볼 불

명 약 관 화

불을 보듯이 환함.

지팡이 하나로 모든 걸 꿰뚫은 셜록 홈스

셜록 홈스의 절친한 친구이자 충실한 조언자, 왓슨은 사무실에 놓인 지팡이를 보고 있었어요. 그건 어제 아무도 없는 사무실에 들른 손님이 깜빡하고 놓고 간 것이었죠. 한눈에 봐도 고급으로 보이는 지팡이 손잡이 바로 아래에는 '왕립 외과 학회 회원 제임스 모티머에게, CCH의 친구들'이라는 문구가 새겨져 있었어요.

그때 왓슨에게서 등을 돌리고 앉아 있던 홈스가 입을 열었어요.

"그래, 왓슨. 그 지팡이를 보고 알아낸 게 있나?"

"자네는 등 뒤에도 눈이 달렸나? 어떻게 내가 지팡이를 보고 있다는 걸 알았지?"

왓슨은 깜짝 놀라 말했어요. 그러자 홈스는 은으로 도금되어 거울처럼 반짝이는 커피포트를 들어 보였어요. 그 커피포트에는 놀란 왓슨의 얼굴이 비쳐 보였죠.

“지팡이를 보고 그걸 놓고 간 친구에 대해 알아낸 걸 이야기해 주게.”

왓슨은 그 말을 듣고 홈스의 흉내를 내 보기로 마음먹었어요.

“아무래도 모티머라는 사람은 나이 지긋한 의사인 것 같구먼. 그러니 지팡이를 친구들에게 선물받았겠지. 이런 고급 지팡이를 선물로 받은 걸 보니 성공도 했고 평판도 좋을 것 같군. 지팡이 끝을 보니 너무 닳았어. 늘 사용한다는 이야기겠지. 그러니 도시가 아닌 시골에서 일하는 의사 같아. 그리고 ‘CCH의 친구들’이란 건 잘 모르겠지만 사냥클럽이 아닐까? H라는 글자가 사냥(Hunt)를 생각나게 하거든. 그 클럽 회원들을 진료해 주고 받은 선물이겠지.”

“정말 놀랍군, 왓슨. 그럼 내가 좀 봐도 될까?”

홈스는 지팡이를 받아 들고 잠시 살펴보았어요. 그러다 재미있다는 표정으로 확대경으로 지팡이를 조사하기 시작했어요.

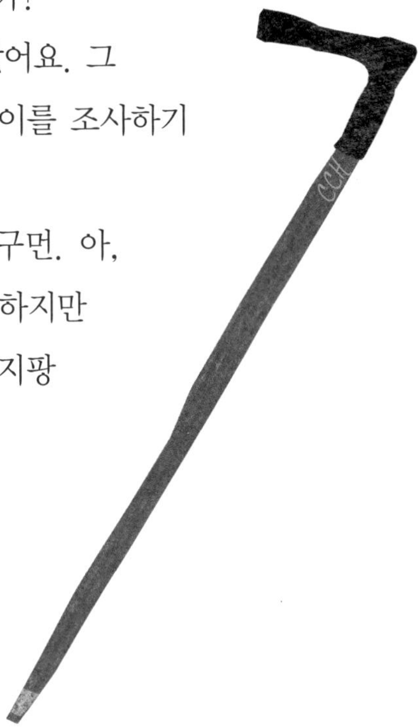

“흠, 왓슨. 자네의 추리는 정말로 흥미롭구먼. 아, 오해하진 말게. 정답이라는 이야긴 아니야. 하지만 자네의 생각이 틀렸다는 걸 증명하기 위해 지팡이를 보다 보니 재미있는 게 많이 보이는군.”

“대체 어떤 게 말인가?”

왓슨이 살짝 기분이 상한 어투로 말하자, 홈스는 여유롭게 대답하기 시작했어요.

"일단 모티머란 친구가 시골의사인 건 맞아. 그렇지만 이 선물을 받은 'CCH'란 곳은 런던 동쪽에 있는 차링 크로스 병원(Charing Cross Hospital)이라는 게 더 자연스럽겠군. 그럼 선물을 받은 건 병원을 그만두었을 때겠지. 이 사람이 나이 든 의사라면 도시에서 편하게 지냈겠지. 구태여 시골에 내려갔다는 건 젊은 의사라는 말일 거야. 그리고 이 친구는 개를 키우는군. 여기 보게나. 개가 지팡이를 문 이빨자국이 있지 않나?"

홈스의 말이 끝났을 때, 서른이 채 안된 젊은이가 개를 끌고 나타났어요.

"저, 혹시 여기에 제 지팡이가 있지 않나요?"

홈스의 추리가 명약관화하게 들어맞은 것이죠. 홈스는 만족한 미소를 지었어요.

고전 속 지혜 배우기

홈스는 지팡이만 보고도 그 주인이 누구인지 명약관화(明若觀火)하게 맞추는군요. 정말 뛰어난 추리 솜씨예요. 하지만 홈스가 마술을 부리는 건 아니에요. 그의 추리 실력은 꼼꼼히 관찰하는 데서 시작하죠. 여러분들도 세상을 관찰해서, 제2의 홈스가 되어 보세요!

홈스를 죽였다 다시 살린 코난 도일

영국의 의사 코난 도일은 하품을 했어요. 병원을 찾는 환자가 없었기 때문이었죠. 하도 할 일이 없었던 코난 도일은 취미 삼아 소설을 쓰기 시작했어요. 그리고 거기서 역사상 가장 유명한 탐정, 셜록 홈스가 탄생했죠!

뛰어난 머리로 추리를 통해 사건을 해결하는 홈스의 모습은 그야말로 이상적인 탐정, 그 자체였어요. 셜록 홈스가 나오는 소설은 불티나게 팔려 나갔죠. 모두가 홈스를 사랑했어요. 딱 한 명, 코난 도일을 제외하고는요.

사실 코난 도일은 그렇게 오랫동안 셜록 홈스 소설을 쓸 생각이 없었어요. 추리소설가가 아니라, 역사소설가로 인정받고 싶었거든요. 추리소설을 쓰기 위해 매달 새로운 아이디어를 짜내야 하는 일도 코난 도일을 지치게 했어요.

결국 코난 도일은 〈마지막 사건〉이라는 소설에서, 홈스가 숙적 모리어티 교수와 싸우다 죽음을 맞이하게 만들어요. 더 이상 홈스가 나오는 소설을 쓰지 않으려 한 것이죠. 하지만 이런 코난 도일의 계획은 곧바로 난관에 부딪쳐요.

홈스가 죽자 수많은 독자들이 항의 편지를 보내기 시작한 거예요. 런던 시민들은 홈스의 죽음을 슬퍼하며 장례식용 검은 리본을 달고 다녔죠. 코난 도일은 공원을 산책하다 한 노부인에게 양산으로 얻어맞을 뻔한 적도 있었어요. 억울했던 코난 도일은 어머니에게 자신의 힘든 마음을 고백하는 편지를 보내요. 그 편지를 읽은 어머니는 답장을 보냈어요.

"그래, 그랬구나. 아들아, 그런데 홈스는 왜 죽인 거니?"

결국 코난 도일은 독자들의 원성을 이기지 못하고 '홈스가 죽은 척하고 몸을 숨기고 있었다.'라는 내용으로 홈스의 후속편을 쓰기 시작했어요.

武 陵 桃 源

호반 언덕 복숭아 근원

무 릉 도 원

속세를 떠난 별천지.

모두가 행복한 이상사회, 유토피아

이 책의 작가이기도 한 토머스 모어는 어느 날 온 세상을 다녀 봤다는 라파엘이라는 선원을 만나요. 라파엘은 모르는 사람들이 보면 철학자라고 믿을 정도로 유식한 사람이었죠. 그는 토머스 모어와 이야기를 나누며 분통을 터뜨렸어요.

"유럽의 시민들이 고통받는 이유는 사회제도가 잘못되었기 때문입니다. 나는 배를 타던 도중 유토피아라는 나라에서 5년 넘게 머무른 적이 있습니다. 그곳은 모두가 행복한, 그야말

로 무릉도원이었죠. 사실 그 나라에서 계속 살고 싶은 마음도 있었습니다. 하지만 그 나라의 삶을 모두에게 알려주고 싶은 마음 때문에 다시 돌아온 것입니다."

그러면서 라파엘은 그 나라에 대해 상세하게 설명하기 시작했어요.

"유토피아는 섬으로, 그곳까지 들어가는 바닷길은 험하기 이를 데 없죠. 바닷길을 모르는 사람들은 들어갈 수도 없습니다. 그래서 딱히 군인이 필요가 없죠.

유토피아에 사는 사람들은 사유재산이 없습니다. 그들은 열심히 일해서 자기가 살 만큼만 가지고, 나머지는 모두가 쓸 수 있도록 보관해 놓죠. 그러니 가난한 사람이 생길 수가 없고, 그것을 매우 자랑스럽게 여깁니다.

유토피아에서는 모든 사람들이 열심히 일합니다. 그렇다고 해서 쉬지도 않고 노예처럼 일한다는 얘기가 아닙니다. 그들은 하루 24시간 중에서 여섯 시간만 일을 해요. 그리고 나머지 시간에는 자신이 하고 싶은 일을 하죠. 대부분 책을 읽고 공부를 하며 지내죠. 하루에 여섯 시간만 일을 한다고 해서 물건이 부족한 경우는 없습니다. 말 그대로 '모두' 일을 하니까요. 영국이나 프랑스를 보십시오. 대부분의 귀족들은 아무 일도 하지 않고 지내면서도 배불리 먹고살지 않나요? 그 바람에 귀족의 하인들은 뼈 빠지게 일을 하면서도 늘 배고파 하죠. 유토피아에서는 그렇게 놀고먹는 사람이 없기 때문에 적게 일을 하고 배부르게 지낼 수 있는 겁니다. 물론 어린아이나 힘없는 노인들은 일에서 제외될 수 있죠.

이 나라에서 가장 놀라운 점은 왕을 유토피아 사람들이 직접 뽑는

다는 것이죠. 그러니 욕심 많은 사람이 왕이 될 가능성은 없죠. 사람들을 가장 잘 다스릴 수 있는 사람을 뽑을 테니 말입니다. 그리고 그 왕이 세상을 떠나면, 다시 좋은 왕을 뽑는 거죠.

이렇게 생활을 하니 유토피아 사람들은 욕심이 없습니다. 금을 다루는 걸 보면 알 수 있죠. 우리는 사실 금보다 철이 훨씬 더 쓸모가 많다는 걸 알면서도, 금을 소중하게 여깁니다. 그래서 누구에게도 들키지 않는 깊숙한 곳에 금을 숨겨 두죠. 그런데 유토피아 사람들은 금을 어떻게 쓰는 줄 아십니까? 요강과 변기를 만드는 데 써요. 그래서 가끔 외국의 대사가 금목걸이와 반지로 자신을 치장하고 나타나면 모든 사람들이 비웃죠.

아, 이렇게 이야기를 하다 보니 지금이라도 유토피아로 다시 돌아가고 싶군요."

라파엘은 말을 마친 후 아련한 눈으로 밖을 바라보았어요.

고전 속 지혜 배우기

모두가 행복한 삶을 누리는 유토피아. 정말 무릉도원(武陵桃源)과 같은 곳이 아닌가요? 그래서인지 당시 〈유토피아〉를 읽은 많은 사람들은 그게 소설 속 장소인 것도 잊고 유토피아에 가서 살고 싶어 했다고 하네요.

고전 깊이 읽기

어디에도 없는 나라, 〈유토피아〉

1516년, 영국의 학자 토머스 모어는 〈유토피아〉라는 제목의 책을 발간해요. 그 책은 세상에서 가장 행복한 사람들이 사는 나라인 '유토피아'에 대한 이야기예요. 그런데 유토피아라는 이름에는 비밀이 숨어 있어요. 유토피아(Utopia)는 그리스어로 '없다'라는 뜻의 'ou'와, '장소'라는 뜻의 'topos'라는 뜻이 합쳐져서 생긴 '어디에도 없는 나라'라는 뜻을 지니고 있어요.

토머스 모어는 〈유토피아〉를 통해 당시 유럽사회의 문제를 간접적으로 비판했어요. 그리고 자신이 생각한 유럽사회의 문제점을 고친 이상적인 사회를 소설로 만들어 냈던 것이죠.

그런데 재미있는 건 무릉도원(武陵桃源) 역시 '어디에도 없는 나라'라는 뜻을 지니고 있다는 거예요. 도연명이 지은 〈도화원기〉라는 책을 보면, 무릉에 사는 한 어부가 고기를 잡으러 계곡을 지나다 복숭아꽃이 활짝 핀 아름다운 계곡을 만나게 돼요. 그 안쪽 굴로 들어간 어부는, 지금까지 한 번도 본 적 없는 아름다운 마을에 도착하죠. 어부는 그곳에서 맛있는 음식을 대접 받으며 행복한 시간을 보내다 다시 자신의 집으로 돌아와요.

어부는 집에 돌아온 후에도 계속해서 그 마을이 생각났어요. 그래서 다시 그 마을을 찾아가려 했지만, 이상하게도 굴은 사라지고 그 마을은 찾을 수 없게 되었어요. 그래서 '무릉에 있는 복숭아꽃 마을'이라는 뜻의 무릉도원이란 사자성어가 탄생한 거예요.

背 恩 忘 德

배반할 은혜 잊을 큰

배 은 망 덕

은혜를 고맙게 여기지 않고 잊어버림.

두 딸에게 배신당한 고리오 영감

19세기 중순, 파리 구석의 싸구려 하숙집에서 묘한 광경이 펼쳐지고 있었어요.

"저 이러다 파산하게 생겼어요. 빨리 돈 좀 마련해 주세요."

"전 빚을 갚지 못하면 남편이 감옥에 가게 생겼어요. 어쩌면 좋죠?"

하숙집의 싸구려방과는 어울리지 않는 화려한 드레스를 입은 두 귀족부인이 울먹이며 자신의 신세를 한탄하고 있었어요. 그녀들은 싸구려방의 주인인 고리오 영감의 딸이었죠. 고리오 영감은 딸들의 한탄을 들으며 굳은 얼굴로 한숨을 내쉬고 있었어요.

두 귀족부인은 고리오 영감을 바라보며 외쳤어요.

"아빠! 빨리 돈 좀 마련해 주세요!"

"알았다, 알았어……."

고리오 영감은 힘겹게 고개를 끄덕였어요.

고리오 영감은 젊었을 적, 밀가루를 팔아 큰돈을 번 사업가였어요. 젊은 시절에 부인을 잃은 후, 고리오 영감의 가장 큰 낙은 큰딸 아나스타지와 작은딸 델핀이 아름답게 커 가는 모습을 보는 것이었죠. 하지만 고리오 영감의 마음을 아는지 모르는지, 두 딸들은 아빠가 버는 돈만을 노렸죠.

두 딸이 나이가 들어 결혼할 때가 되자, 고리오 영감은 모든 재산을 정리하고는 두 딸을 불러들였어요. 그리고 자신의 재산을 반씩 나누어 주었죠.

"자, 이 돈으로 좋은 곳에 시집가서 행복하게 살려무나."

"아빠, 정말 감사해요."

"저도요, 전 평생 아빠에게 감사하며 살아갈 거예요."

아나스타지와 델핀은 눈물을 흘리며 고리오 영감에게 감사했어요. 하지만

그건 정말 잠깐 동안만이었죠.

두 딸은 곧 훌륭한 귀족집안의 남자와 결혼식을 올렸어요. 그렇게 귀족이 된 두 딸은 곧 밀가루를 파는 고리오 영감을 부끄럽게 여기기 시작했어요. 그래서 고리오 영감을 자신들의 집에서 쫓아내 버렸죠.

"아빠도 이젠 아빠 혼자 사셔야죠. 저희 식구 챙기기도 힘들다고요."

결국 고리오 영감은 한평생 살던 집에서 쫓겨나 싸구려 하숙집에서 살았죠. 하지만 그 후에도 두 딸들은 번갈아 찾아오며 고리오 영감에게 돈을 요구했어요. 결국 고리오 영감은 소중히 아끼던 아내의 유품인 은식기까지 팔며 그 돈을 마련해 주었죠.

하지만 고리오 영감이 무일푼이 된 이후에도 두 딸들은 무도회에서 입을 드레스가 없다며 돈을 요구했어요.

딸들의 부탁을 거절할 수 없었던 고리오 영감은 식기를 팔아 돈을 만들기 위해 거리로 나갔어요. 그리고 그만 병으로 쓰러져 몇 시간 후에 숨을 거두고 말죠.

고리오 영감은 숨을 거두는 마지막 순간에도 두 딸을 찾았지만, 배은망덕한 두 딸들은 끝까지 찾아오지 않았죠. 결국 고리오 영감은 쓸쓸히 생을 마감했어요.

고전 속 지혜 배우기

〈고리오 영감〉의 작가 발자크는 순박한 고리오 영감과 은혜를 모르는 두 딸의 배은망덕(背恩忘德)한 모습을 통해서 돈이 모든 걸 지배하는 사회의 무서움을 보여주려고 했어요. 아, 마지막까지 딸을 찾다 세상을 떠난 고리오 영감이 참 불쌍해요!

고전 깊이 읽기

고리오 영감이 <리어왕>을 읽었다면?

프랑스의 작가 발자크는 '문학계의 나폴레옹'이 되고자 하는 목표가 있었어요. 그는 그 목표를 이루기 위해 놀라운 계획을 세우죠. 90여 편의 소설을 써서, 프랑스 사회의 모든 모습을 담겠다는 거였어요. 등장인물만 해도 무려 2,000명이 넘는 그 소설집의 제목은 《인간희극》이었어요. 비록 발자크는 계획한 작품을 채 완성하기 전에 심장질환으로 세상을 떠났지만, 남아 있는 작품만으로도 '문학계의 나폴레옹' 자리에 올랐죠.

〈고리오 영감〉은 《인간희극》 중에서도 가장 널리 읽히는 작품이에요. 소설 속 고리오 영감의 비극적인 삶이 사람들의 마음을 뒤흔들었기 때문일 거예요. 그런데 고리오 영감과 비슷한 인물이 이전에도 있었다는 걸 아세요? 바로 셰익스피어의 비극 〈리어왕〉의 주인공 리어왕이에요.

리어왕 역시 자신의 세 딸을 너무도 사랑한 나머지, 자신의 영토를 3등분해서 세 딸에게 나누어 주려 하죠. 막내딸 코딜리아는 그런 리어왕을 말렸지만, 리어왕은 오히려 막내딸을 쫓아내고 큰딸과 작은딸에게 영토를 나눠 줘요. 그러고 나서 배은망덕한 두 딸에게 쫓겨나 거지꼴이 되는 것도 고리오 영감과 비슷하죠. 누군가는 두 인물이 비슷하다고 해서, 고리오 영감을 '근대의 리어왕'이라고 부르기도 해요.

만약, 고리오 영감이 〈리어왕〉을 읽었다면, 못된 두 딸에게 전 재산을 나눠 주지 않았을 텐데! 정말 아쉬워요. 이래서 '책 속에 길이 있다'고 하나 봐요. 책을 읽고 자신의 잘못된 행동을 고칠 수 있으니까 말이에요.

百 年 佳 約

일백 해 아름다울 맺을

백 년 가 약

남녀가 결혼하여 평생을 아름답게 지내자고 약속함.

사랑의 결실을 맺은 제인과 로체스터

제인 에어는 어렸을 적 부모님을 잃고 온갖 고생을 하며 자랐어요. 독서를 좋아한 제인은 공부를 마치고 교사로 일하죠. 그러다 손필드 저택에서 가정교사를 구한다는 소식을 듣고 그곳으로 향해요.

제인은 손필드 저택에서 그곳의 주인인 로체스터와 처음 만나요. 그는 제인이 가르치는 소녀 아델의 아버지이기도 했죠. 로체스터는 아델의 어머니가 죽은 후 무뚝뚝하고 냉정한 성격이 된 지 오래였어요.

하지만 제인은 그의 마음 깊은 곳에 숨어 있던 따뜻함을 느꼈어요. 곧 제인은 로체스터에게 사랑을 느끼게 되었죠. 사실 로체스터 역시 제인을 보자마자 사랑에 빠졌어요. 어느 여름날, 로체스터는 제인에게 사랑을 고백하고 둘은 결혼을 약속했어요.

하지만 결혼식 날, 제인은 손필드 저택의 끔찍한 비밀을 알게 되었어요. 손필드 저택 가장 외진 방에 미친 여자가 있고, 그 여자가 바로 아델의 어머니라는 비밀 말이에요!

로체스터는 충격을 받은 제인에게 진심으로 용서를 빌었죠.

"미안하오, 제인. 아델의 엄마는 정신병에 걸린 지 몇 년이 되었소. 나는 그로 인해 너무 지쳤지. 그때 당신이 내 앞에 나타난 거요. 난 당신을 사랑하오, 제인."

하지만 제인은 결국 손필드 저택을 떠날 수밖에 없었어요. 아무리 미쳤다 할지라도 부인이 있는 남자와 결혼할 수는 없었던 거였죠.

그로부터 1년 후, 제인은 다시 손필드 저택을 찾았어요. 이유는 단 하나, 전날 밤 로체스터의 목소리를 들었기 때문이에요.

'꿈인지 생시인지 모르겠지만, 분명히 그분의 목소리였어. 도대체 무슨 일인 걸까?'

손필드 저택을 찾은 제인은 놀라운 광경을 보았어요. 바로 손필드 저택이 모두 불에 타 버린 거예요. 놀라 마을로 돌아간 제인은 모든 사실을 알게 되었어요.

바로 로체스터의 부인이 발작을 일으켜 저택에 불을 지른 후 떨어져 죽음을 맞이했고, 로체스터는 염증으로 눈이 멀어 버렸다는 거죠.

그 비극적인 소식에 제인은 금방이라도 정신을 잃을 뻔했어요. 하지만 그럴 순 없었어요. 그녀는 당장 로체스터가 살고 있다는 낡은 집으로 달려갔어요. 그리고 그곳에서 시각장애인이 된 로체스터를 만났죠. 그 순간, 그녀는 깨달았어요.

'이제 더 이상 떠나지 않을 테야. 내 진정한 사랑은 바로 저 사람이야.'

얼마 후, 제인과 로체스터는 작은 교회에서 백년가약을 맺고, 진정한 부부가 되었어요. 누구보다 아델이 둘의 결혼을 가장 많이 축복해 주었어요.

그 후로 제인은 로체스터의 눈이 되었어요. 주변의 풍경이 얼마나 아름다운지, 날씨가 얼마나 화창한지 알려주었고, 늘 그의 곁에서 책을 읽어 주었죠.

그렇게 2년이 흘렀을 때, 기적이 일어났어요. 로체스터의 눈이 회복된 것이에요!

둘은 예쁜 아이를 낳고, 남은 삶을 행복하게 보냈답니다.

고전 속 지혜 배우기

어렸을 적부터 고통만 받았던 제인 에어에게 드디어 행복이 찾아왔네요! 제인의 정성스러운 간호로 눈을 뜨게 된 로체스터도 얼마나 행복했을까요? 역시 인생 최고의 행복은 사랑하는 사람과 백년가약(百年佳約)을 맺고 둘이 의지하며 사는 것 같아요.

고전 깊이 읽기

영국 문학사에 큰 영향을 끼친 세 자매

1847년, 영국 전역은 〈제인 에어〉라는 소설로 들썩거렸어요.

그때까지 소설 속의 여주인공은 아름답지만 남자의 도움 없이는 살 수 없는 수동적인 존재였어요. 하지만 〈제인 에어〉의 여주인공 제인 에어는 스스로 자신의 사랑을 이루는 독립적인 인물로 나왔죠.

많은 사람들이 〈제인 에어〉의 작가라고 알려진 커러 벨을 찾았어요. 하지만 커러 벨은 쉽사리 모습을 드러내지 않았죠. 그럴 수밖에 없었어요. 사실 〈제인 에어〉의 작가는 커러 벨이 아니라 샬럿 브론테였거든요.

당시 영국에서는 여자가 소설을 쓰는 걸 탐탁지 않게 보는 사람들이 많았어요. 그래서 여성 작가들은 남자이름 같은 필명으로 책을 내는 일이 흔했죠. 그래서 〈제인 에어〉의 높은 인기로 인해, 샬럿 브론테의 정체가 밝혀졌을 때 많은 사람들이 놀랐다고 해요.

하지만 정작 놀랄 일은 따로 있었어요. 그건 샬럿 브론테의 두 동생들 역시 필명으로 소설을 쓰던 작가였다는 거예요. 둘째 에밀리 브론테는 '엘리스 벨'이라는 필명으로, 막내 앤 브론테는 '액턴 벨'이라는 필명으로 책을 냈죠. 그 중 둘째 에밀리 브론테가 낸 소설이 바로 지금까지도 명작으로 손꼽히는 〈폭풍의 언덕〉이에요. 그야말로 영국 문학사에 한 획을 그은 놀라운 자매들이죠.

재미있는 사실 하나 더. 〈제인 에어〉와 〈폭풍의 언덕〉은 같은 해에 발표된 소설이에요. 당시에는 〈제인 에어〉가 더 높은 평가를 받았는데, 현재에 와서는 〈폭풍의 언덕〉이 더 높은 평가를 받는다고 해요. 사실 둘 다 좋은 작품이지만, 시대에 따라 소설을 보는 눈이 달라진다는 걸 알 수 있어요.

不　問　曲　直

아닐　물을　굽을　곧을

불 문 곡 직

옳고 그른 것을 따지지 않음.

엄마에게 사랑받지 못하는 홍당무 소년

안녕, 얘들아? 난 '홍당무'라고 해.

뭐? 왜 이름이 홍당무냐고? 아, 이건 이름이 아니라 별명이야. 내가 머리카락이 빨갛고 얼굴이 주근깨 투성이라 홍당무를 닮았거든. 그래서 모두들 날 홍당무라고 불러. 아빠, 엄마뿐 아니라 펠릭스 형과 에르네스틴 누나까지 말이야. 그래서 난 내 이름이 없어진 것만 같아.

휴, 사실 난 우리 집에 불만이 많아. 모두들 날 싫어하거든. 특히 우리 엄마는 날 못 잡아먹어서 안달이야. 어떻게 엄마가 자식을 싫어하느냐고? 나도 그게 궁금해. 그런데 우리 엄마는 정말 날 싫어한다니까!

한밤중에도 집 밖에 있는 닭장문이 열려 있으면 엄마는 늘 날더러 문을 닫

으라고 시켜. 내가 아직 어려서 무섭다고 이야기해도 들은 척도 하지 않아.

"너같이 큰 애가 뭐가 무섭니? 얼른 다녀와."

그 말에 억지로 용기를 내서 닭장문을 닫고 와도, 다들 칭찬은커녕 쳐다보지도 않아. 우리 엄마가 뭐라는 줄 알아?

"홍당무, 이제 네가 밤마다 닭장문을 닫아라."

또 우리 엄마는 맛있는 게 있으면 늘 형이랑 누나한테만 줘. 난 치즈나 멜론을 먹은 적이 없다니까. 그리고 나한테는 이렇게 말하지.

"넌 안 줘도 되지? 넌 이런 거 싫어하잖니?"

괜히 먹겠다고 하면 엄마는 싫어할 게 뻔해. 그래서 난 그냥 고개를 끄덕여. 그러고는 남은 멜론을 몰래 먹지. 비록 껍질에 붙은 찌꺼기뿐이지만, 멜론은 정말 입에서 사르르 녹아.

하지만 뭐니 뭐니 해도 내가 가장 억울했을 때는 바로 펠릭스 형이랑 같이 일을 했을 때였어. 펠릭스 형은 대장간에서 형을 위해 만들어 준 강철 곡괭이를 써서 일했고, 나는 내가 직접 나무를 깎아 만든 나무 곡괭이를 써서 일을 했지.

그런데 펠릭스 형이 실수로 그만 자기 곡괭이로 내 머리를 내리친 거야! 기절해야 할 건 난데, 갑자기 펠릭스 형이 기절을 했지 뭐야? 내 머리에서 피가 흐르는 걸 보고 말이지.

그러자 엄마는 나는 내버려두고 펠릭스 형을 침대에 눕히고 어쩔 줄 몰라 했어. 나는 그 와중에도 머리에서 피가 흐르고 있었어.

잠시 후에 펠릭스 형이 눈을 떴어. 처음부터 다친 것도 아니고 놀라기만 한 거니까, 뭐. 그러자 엄마는 안도의 한숨을 내쉬더니 나를 노려보았어. 그러더니 불문곡직하고 나한테 화를 냈어.

"넌 대체 정신을 안 차리고 뭘 하는 거야? 이 바보 같은 녀석아!"

엄마는 왜 날 사랑하지 않는 걸까? 정말 슬프다…….

고전 속 지혜 배우기

홍당무의 엄마는 형 펠릭스만 사랑했어요. 그러니 옳고 그른 걸 따지지 않은 채 불문곡직(不問曲直)하고 모든 걸 홍당무 탓으로 돌리는 거죠. 이런 엄마의 과보호 때문에 시간이 흐르면서 펠릭스도 점점 엇나가요. 무조건적인 사랑이 때로는 미움보다 더욱 큰 독이 된다는 걸 홍당무의 엄마는 몰랐나 봐요.

고전 깊이 읽기

모든 삶은 소설이 된다!

쥘 르나르가 쓴 〈홍당무〉를 처음 읽는 사람들은 모두 깜짝 놀란답니다.

"아니, 어떻게 어머니가 자기 자식을 이렇게 싫어할 수가 있지? 아무리 소설이라지만 조금 심한 거 아냐?"

만약 쥘 르나르가 이런 독자들의 말을 듣는다면 조금 억울할지도 몰라요. 왜냐하면 〈홍당무〉는 쥘 르나르가 어린 시절 실제로 겪었던 일들을 토대로 쓴, 자전소설(자기의 생애나 경험을 바탕으로 한 소설)이거든요.

프랑스의 작가 쥘 르나르는 어린 시절 부유한 가정에서 자랐어요. 하지만 사랑받고 자라진 못했다고 해요. 르나르의 어머니는 세상 모든 일에 불만이 많아서 늘 화를 내고 다녔죠. 특히 3남매 중 막내인 쥘 르나르를 사랑하지 않았어요. 르나르의 형과 누나는 어머니를 따라 동생을 괴롭혔어요. 또 그의 아버지는 무뚝뚝한 성격이라 집에서는 거의 아무 말도 하지 않았죠.

가족 누구에게서도 사랑받지 못한 르나르는 혼자 있을 때 가장 행복했어요. 혼자 지내며 공상하기를 좋아하던 그는 〈홍당무〉를 쓰며 작가로서의 명성을 누리게 되었죠.

그런데 왜 르나르는 굳이 자신의 아픈 기억을 소설로 썼을까요? 그건 우리가 답답한 일이 있을 때 친구에게 이야기하면 후련해지는 기분과 비슷할 거예요. 르나르는 자신의 어린 시절 기억을 소설을 통해 사람들에게 이야기해서 후련해지고 싶었을 거예요.

非 夢 似 夢
아닐 꿈 닮을 꿈

비 몽 사 몽

꿈인지 생시인지 모를 어렴풋한 상태.

큰소리치다 혼쭐이 난 배비장

조선시대, 제주도에 애랑이라는 아름다운 여인이 살고 있었어요. 얼마나 아름다웠냐면, 어떤 남자라도 애랑을 한 번 보기만 하면 사랑에 빠질 정도였죠. 하지만 정작 애랑은 사랑에는 관심이 없었어요. 오히려 자신이 가진 능력으로 세상에 큰 뜻을 펴고 싶어 했죠. 하지만 남녀차별이 심했던 조선시대에서 여인이 할 수 있는 일은 별로 없었어요. 애랑은 그게 정말 마음에 들지 않았어요.

"흥, 남자들이 뭐가 그렇게 대단하다고 여자를 무시한단 말인가?"

애랑은 남자들에게 본때를 보여줘야겠다고 생각했어요. 그래서 자신을 좋아한다며 다가오는 남자들을 골탕 먹이기 시작했죠.

그 와중에 한양에서 내려온 배비장이라는 양반의 이야기가 애랑의 귀에 들렸어요. 배비장은 "나는 애랑에게 당하지 않을 자신이 있다!"라며 큰소리를 떵떵 치고 다녔죠.

"배비장이란 양반이 그렇게 말하고 다닌단 말이지?"

애랑은 배비장을 골탕 먹이기로 마음먹었어요.

배비장은 자신이 친 큰소리 때문에 그녀를 보지 않으려 했어요. 하지만 애랑과 마주칠 때마다 점점 그녀에게 빠져들어 갔죠.

'내 한양에서도 저렇게 아름다운 여인은 만난 적이 없어. 게다가 웬만한 남자들보다 훨씬 더 유식하군.'

결국 배비장은 애랑을 만나기 위해 몰래 그녀의 집으로 찾아갔어요.

"어머, 선비님. 어서 오세요."

애랑은 반갑게 배비장을 맞았죠. 하지만 잠시 후, 밖에서 험상궂은 목소리가 들려 왔어요.

"이봐, 마누라! 지금 안에 누구랑 같이 있는 거야?"

"어머, 어쩌죠? 제 남편이 왔나 봐요. 제 남편은 성격이 거칠어서 제가 선비님과 한 방에 있었다는 것만으로도, 선비님을 없애려 할 거예요."

그 말에 얼굴이 사색이 된 배비장은 숨을 곳을 찾다 얼른 빈 궤짝에 숨었어요. 그 모습을 본 애랑은 비웃음을 띠었어요. 밖에서 애랑의 명령을 받은 하인들이 들어와 궤짝을 들었죠. 한 하인이 남편 흉내를 내며 소리를 쳤어요.

"이 낡아 빠진 궤짝은 뭐야? 얼른 바다에 내다 버려!"

하인들이 궤짝을 지고 나가자, 궤짝 안의 배비장은 어쩔 줄 몰라 했어요. 그러다 얼마 후, "풍덩!" 하는 소리와 함께 궤짝이 바다에 빠지는 것 같은 느낌이 들었어요.

배비장은 얼른 궤짝문을 열고 나와, 비몽사몽 중에 죽어라 허우적거렸어

요. 그런데 어디선가 웃음소리가 들렸어요.

그제야 정신을 차린 배비장은 주변을 둘러보았어요. 자신은 마당 한가운데 흙투성이가 되어 서 있고, 동네 사람들이 모두 모여 자신을 비웃고 있지 않겠어요?

'아뿔싸, 내가 애랑에게 당했구나.'

배비장은 부끄러워 얼른 도망치고 말았어요.

고전 속 지혜 배우기

배비장이 꿈인지 생시인지 정신을 차리지 못한 비몽사몽(非夢似夢) 중에, 땅에서 헤엄치는 모습은 얼마나 웃겼을까요? 남녀차별이 심한 조선시대, 사람들은 애랑에게 혼이 나는 양반 배비장의 모습을 보고 '남자라고 여자를 함부로 무시하면 큰코다친다'는 교훈을 얻었을 거예요.

고전 깊이 읽기

왜 양반은 늘 웃음거리가 될까?

조선시대에는 사람들의 신분이 양반, 중인, 상인, 천민으로 나뉘어져 있었어요. 그중 양반은 가장 높은 계급이었죠. 양반은 농사나 장사를 천한 일이라고 생각하고 하지 않았어요. 대신 열심히 공부를 해서 과거에 급제해 나라를 이끄는 관리가 되려고 했죠. 어찌 보면 모든 사람들에게서 존경받아야 할 계급이 바로 양반이에요.

하지만 이상하게도 조선시대 이야기 속 양반은 늘 놀림을 받는 바보 같은 존재로 나오죠. 심지어 양반을 모셔야 할 천민계층이 가장 적극적으로 양반을 놀리는 인물로 등장해요. 대체 왜 이런 일이 벌어진 걸까요?

조선시대가 처음 시작되었을 때만 해도 양반들은 자신들의 임무를 다해 나라를 좋은 방향으로 발전시키려고 노력했어요. 하지만 시간이 흐를수록 양반들은 타락하기 시작했죠. 양반들은 자신의 특권만 내세우며 서민들을 괴롭혔어요. 서민들은 억울하고 화가 났지만 계급 차이 때문에 직접적으로 대들 수도 없었어요. 그래서 문학작품이나 연극을 통해 양반의 잘못을 비웃기 시작했답니다.

양반들의 무능과 부패를 조롱하는 말뚝이가 주인공인 〈봉산탈춤〉, 몰락한 양반과 평민부자 사이에서 벌어지는 양반신분 매매사건을 통해 무능한 양반의 모습을 폭로하는 박지원의 〈양반전〉, 못난 양반을 잡아먹는 괴물인 영노가 나오는 〈오광대놀이〉 등 수많은 작품들 속에서 양반은 동네북 취급을 받아요. 다 자신들의 잘못 때문이니 누구 원망도 할 수 없겠지만 말이죠.

이렇게 문학작품에서 현실의 부정적인 현상이나 모순 등을 빗대어 비웃으며 비판하는 걸 '풍자'라고 해요.

非 一 非 再
아닐 한 아닐 두

비 일 비 재

같은 일이 한두 번이 아니라 계속 일어남.

B사감의 비밀을 알게 된 소녀들

여학교의 교사이자 기숙사를 지키는 B사감은 학생들 사이에서 깐깐하기로 유명했어요.

그런 B사감이 가장 싫어하는 것은 바로 러브레터였죠. 어여쁜 여학생들이 많이 다니기로 유명한 학교여서 그런지는 몰라도, 하루에도 몇 통이고 주변 학교 남학생들이 보내는 러브레터가 학교에 도착했어요. 마흔에 가까운 노처녀인 B사감은 그 편지들을 모두 열어 보았죠. 그리고 편지 속 달콤한 사랑 이야기를 보면 화가 나 얼굴이 붉으락푸르락해졌어요.

영문 모르고 편지를 받은 여학생들은 곧 B사감에게 크게 혼이 났어요.

"학업에 열중해야 할 이때 이런 사랑 편지나 주고받다니!"

혼이 난 여학생은 억울해서 어쩔 줄 몰랐어요.

"선생님, 전 이 편지를 누가 보냈는지도 몰라요. 왜 저한테 그러세요?"

하지만 그런 변명은 B사감의 화를 더욱 돋울 뿐이었어요.

"여기 네 이름이 적혀 있는 게 안 보여? 어디서 변명이야! 안 되겠다. 넌 혼 좀 나야겠어."

B사감은 여학생을 자기 방으로 데리고 가서 두 시간이 넘도록 혼을 내고서야 내보내 줬죠. 마지막은 늘 남자라는 악마의 유혹에 빠지지 않길 바라는 눈물 섞인 기도로 끝이 났어요.

그렇게 무서운 B사감이 지키는 기숙사에서 어느 날부터 이상한 일이 벌어지기 시작했어요. 모든 학생들이 곤히 잠든 밤, 기숙사 어디선가 말소리가 들리는 게 아니겠어요? 그것도 한두 번이 아니라 비일비재하게 말이죠.

한 방에 살던 세 여학생이 그 소리가 어디에서 나는 것인지 직접 알아보기로 했어요. 어두운 복도를 손을 꼭 잡고 걸어가다 보니, 소리는 더욱 또렷하게 들려 왔죠.

"아, 태훈 씨. 이렇게 얼굴을 보니 어찌나 좋은지 모르겠어요."

"경숙 씨, 오직 당신에게 바친 제 불타는 마음을 이제 아셨습니까?"

남자가 들어올 수 없는 여학생 기숙사에서, 두 남녀가 사랑을 속삭이고 있던 거예요! 세 여학생은 깜짝 놀랐어요. 그리고 더욱 호기심이 생겨 소리 나는 곳을 향해 점점 다가갔죠.

이럴 수가! 소리가 들려 오던 곳은 다름 아닌 B사감의 방이었어요. 그 무서운 B사감이 몰래 남자를 데리고 들어왔다? 세 여학생은 조심스레 B사감의 방문을 열었어요.

그 방 안에 남자는 없었어요. B사감 혼자 여학생들에게서 압수한 러브레터를 읽고 있었어요. 마치 그 러브레터를 자신이 받은 양, 남자와 여자의 목소리를 번갈아 흉내 내며 읽고 있었던 것이죠.

"정말 날 사랑하나요? 목숨보다 더욱?"

러브레터를 쓰다듬으며 말하는 B사감의 목소리에는 울음기가 섞여 있었어요. 두 여학생은 B사감의 모습을 보고 깜짝 놀랐지만, 다른 한 여학생은 왠지 슬퍼져 눈물을 뚝뚝 흘렸답니다.

고전 속 지혜 배우기

기숙사에 비일비재(非一非再)하게 울려 퍼지던 남자 목소리의 정체가 바로 B사감이었군요! 그런데 한 여학생만은 왜 눈물을 흘렸을까요? 아마 연기를 해서라도 사랑받고 싶어 한 B사감의 모습이 안쓰러워서일 거예요.

고전 깊이 읽기

이솝우화 속 비일비재 - 〈도둑과 어머니〉

먼 옛날, 어느 도시의 광장에 많은 사람들이 모여 있었어요. 그들이 모인 이유는 바로 도시의 유명한 도둑이 벌을 받는 걸 보기 위해서였죠.

"그 도둑놈이 우리 집에서 귀한 그림을 훔쳤다니까!"

"우리 집에서는 하나밖에 없는 황소를 훔쳐 갔다고!"

그들은 모두 도둑이 벌을 받는 걸 당연하게 여겼어요. 하지만 단 한 명, 도둑을 위해 눈물짓는 이가 있었어요. 바로 도둑의 어머니였죠.

'아, 불쌍한 내 아들. 어쩌면 좋니?'

그때 도둑이 병사들에게 끌려나오다 울고 있는 어머니를 봤어요.

"벌을 받기 전, 저기 울고 계신 제 어머니께 마지막 말을 전하고 싶습니다."

그 말에 마음 약해진 병사는 도둑을 어머니에게 데려다 주죠. 도둑은 무언가 말하려는 듯 어머니의 귀로 입을 향했어요. 그런데 갑자기! 도둑이 어머니의 귀를 무는 게 아니겠어요?

어머니는 아파서 비명을 질렀어요. 다른 사람들은 모두 깜짝 놀랐죠.

"어떻게 자기 어머니를 물지? 역시 나쁜 도둑이로구나."

그런데 갑자기 도둑이 눈물을 흘리며 입을 열었어요.

"제가 어렸을 적, 처음으로 학교 친구의 물건을 훔쳤을 때, 어머니는 그 사실을 알고도 저를 꾸짖지 않으셨어요. 오히려 칭찬을 했죠. 도둑질을 하면 칭찬받는 일이 비일비재해지자, 저는 도둑질이 나쁘다는 것도 잊고 말았어요. 그때 절 혼내셨더라면, 제가 이렇게 도둑이 되진 않았을 텐데……."

도둑의 말에 모두들 아무 말도 하지 못했어요. 자신의 실수로 아들을 망친 어머니만이 미안함에 눈물을 흘렸답니다.

山 戰 水 戰
뫼 싸울 물 싸울

산전수전

세상을 살면서 온갖 어려운 일을 다 겪은 것을 비유해서 말함.

소년병 파울 보이머의 비극적 최후

1916년, 파울 보이머는 학교에서 친구들과 웃고 떠들며 수업을 받던 학생이었어요.

졸업식날, 파울 보이머의 담임은 학생들에게 호소했어요.

"비로소 너희들이 국가의 영웅이 될 때가 왔구나. 위대한 전쟁을 치르고 있는 독일의 군인이 되어 프랑스를 물리치고 돌아오너라!"

그 말에 감동받은 파울 보이머와 같은 반 친구들 스무 명은 모두 독일군에 자원했어요.

'프랑스를 물리치는 훌륭한 영웅이 될 거야!'

하지만 그런 파울 보이머의 생각은 서부전선에 도착하자마자 깨졌죠.

쉴 새 없이 날아오는 폭탄, 끊임없이 밀려드는 프랑스군 그리고 끔찍한 독가스까지! 전쟁터는 그야말로 지옥이었어요. 파울 보이머는 그저 살아남는 것 밖에 생각할 수 없었죠.

프랑스군과 계속해서 전투를 치를수록, 파울 보이머의 친구들은 하나씩 숨을 거뒀어요. 처음 친구가 죽던 날, 파울 보이머는 눈물로 밤을 지새우며 떠나간 친구가 천국으로 가길 빌어 줬죠. 하지만 그것도 잠시뿐이었어요. 파울 보이머는 너무도 많은 동료들이 죽어 가는 걸 바로 눈앞에서 지켜보았죠. 그리고 또 그만큼 수많은 프랑스군을 죽였어요. 그러다 보니 파울 보이머에게는 죽음 자체가 아무런 의미가 없어졌어요.

그러던 어느 날, 파울 보이머는 야간전투 중 한 프랑스군을 총으로 쏴 없앴어요. 그 프랑스군의 이름은 제럴드 듀벌, 책을 만드는 식자공이었죠. 그 순간, 파울 보이머는 깨달았어요.

'내가 지금 제럴드 듀벌을 죽였어. 책을 만드는 식자공을 내가…….'

파울 보이머는 시간이 지날

수록 우울해졌어요. 그러다 전투 중 다쳐 고향으로 휴가를 갈 수 있게 되었죠. 파울 보이머는 기뻐하며 고향으로 향했어요. 하지만 고향의 친척과 어른들은 전쟁터에서 무슨 일이 벌어지는지 아무것도 알지 못했어요.

"어서 빨리 독일이 전 유럽을 무찔러서 승리해야지!"

아무것도 모르는 어른들의 말은 파울 보이머에게 헛된 외침으로 들릴 뿐이었어요. 파울 보이머는 자신의 마음을 진정으로 이해해 줄 수 있는 건 전쟁터의 동료들뿐이라는 걸 깨달았죠. 결국 파울 보이머는 동료들을 만나러 다시 위험한 전쟁터로 향했어요.

1918년 10월 11일. 파울 보이머에게 운명의 날이 찾아왔어요.

그날은 제1차 세계대전이 독일의 패배로 끝나 가던 가을날이었어요. 늘 프랑스와 치열한 전투를 벌이던 서부전선에도 왠지 모를 평온함이 감돌았죠. 파울 보이머는 나이는 열여덟밖에 되지 않았지만, 2년 동안 온갖 산전수전을 겪은 군인으로 변해 있었어요.

파울 보이머는 푸른 하늘을 보자 왠지 마음이 풀려 희미한 미소를 지었죠. 그리고 그 순간! "탕!" 하는 소리와 함께 파울 보이머가 쓰러졌어요. 프랑스군의 총알이 파울 보이머의 생명을 거둬 간 것이죠.

그날 저녁, 독일 사령부는 전국에 대고 당당히 발표했어요.

"서부전선 이상 없다!"

고전 속 지혜 배우기

성인도 채 되지 못한 나이인 열여덟에 산전수전(山戰水戰)을 다 겪은 군인이 된 파울 보이머. 그는 결국 전쟁터에서 숨을 거뒀지만, 독일 사령부는 "서부전선 이상 없다!"고 발표해요. 이 마지막 장면을 통해 우리는 전쟁이 얼마나 비인간적인지 깨닫게 되죠.

고전 깊이 읽기

포화 속에서 피어난 문학

독일의 작가 에리히 레마르크는 제1차 세계대전 때 병사로 참전한 경험이 있어요. 몇 번의 죽을 고비를 넘긴 그는 전쟁이란 것이 얼마나 끔찍한 것인지 뼈저리게 느끼죠. 그래서 〈서부전선 이상 없다〉라는 소설을 통해 많은 사람들에게 그 사실을 알리려 노력했어요.

그 이후, 히틀러의 나치정권이 독일에 들어오자 레마르크는 프랑스로 몸을 피했어요. 그리고 제2차 세계대전이 터지자 다시 미국으로 떠났어요. 전쟁 후에는 스위스에서 나머지 삶을 보내죠. 레마르크의 또 다른 명작이라고 불리는 〈개선문〉 역시 전쟁을 소재로 한 작품이에요. 제2차 세계대전 때의 파리를 배경으로 한 자전적인 소설이죠.

레마르크 말고도 많은 작가들이 전쟁을 소재로 해서 작품을 썼어요. 그런 작품들을 묶어서 '전쟁문학'이라고 불러요. 이런 전쟁문학은 전쟁의 끔찍함을 알리고, 진정한 인간이란 무엇인지를 알리려고 쓰는 경우가 대부분이죠.

그런데 어떻게 모든 것을 파괴하는 전쟁이 훌륭한 작품들을 탄생시키는 소재가 될 수 있었을까요? 그건 전쟁이라는 극단적 상황 속에서 인간의 본래 모습이 더욱 선명하게 드러나기 때문이에요. 〈서부전선 이상 없다〉의 주인공 파울 보이머가 만약 평화로운 시대에 살았다면 어땠을까요? 아마 누굴 죽일 일도 없었을 것이고, 죽음에 대해서 생각해 보지도 않았겠죠.

전쟁의 포화 속에서도 절대 펜을 놓지 않았던 작가들의 노력 때문에, 우리는 지금 전쟁문학을 읽으며 인간과 세상에 대해 생각할 수 있는 거예요.

說 往 說 來

말씀 갈 말씀 올

설왕설래

서로 말싸움을 하며 옥신각신함.

누가 나이가 가장 많을까?

옛날 아주 먼 옛날, 명나라 옥포산이란 곳에 나이 많은 노루가 한 마리 살고 있었어요. 어느 봄날, 노루는 온갖 짐승들을 불러 놓고 잔치를 벌이기로 했죠. 아, 호랑이는 빼고 말이죠.

“분명 호랑이는 자기 힘이 세다고 다른 짐승들을 괴롭히며 잔치를 엉망으로 만들게 뻔해. 호랑이는 빼고 불러야지.”

그렇게 해서 호랑이를 뺀 나머지 모든 동물이 옥포산에 모였어요.

다들 오랜만에 만나 반가워하며 이야기를 나누다, 식사를 할 시간이 되었죠. 다들 자리에 앉으려고 하는데 한 가지 문제가 생겼어요. 바로 가장 높은 어른이 앉는 윗자리에 누가 앉느냐 하는 거였죠.

그때 토끼가 입을 열었어요.

"아무래도 나이가 가장 많은 동물이 윗자리에 앉으면 되지 않겠소?"

그 말에 허리가 굽은 노루가 펄쩍 뛰어 올랐어요.

"내가 왜 이렇게 허리가 굽었겠나? 나이가 많아 그렇지. 그러니 내가 가장 윗자리에 앉아야겠네."

그 말에 여우가 고개를 저으며 나섰어요.

"내 수염이 왜 이렇게 흰 줄 아는가? 다 나이가 들어서 그렇다네."

그 말에 노루는 지지 않겠다는 듯 물결치는 황하를 가리켰어요.

"내가 말이야. 하늘과 땅이 열리고 처음으로 황하가 생기던 날 태어나서 지금껏 살아 오고 있어. 이제 내가 얼마나 나이가 많은 줄 알겠나?"

그러자 여우는 씩 웃으며 하늘의 별을 가리켰어요,

"하늘과 땅이 열린 후에, 밤하늘에 별을 박는 걸 내가 다 도와주었지. 그러

니 내가 노루 너보다 나이가 많은 거지."

노루와 여우는 서로 자기가 나이가 더 많다고 한참 설왕설래했어요. 그때 그 모습을 지켜보던 두꺼비가 갑자기 건넛산의 나무를 보더니 눈물을 흘리기 시작했어요.

"이 두껍아, 남의 잔칫상에서 왜 눈물을 흘리느냐?"

여우가 화를 내자, 두꺼비가 정색을 하고 답했어요.

"이놈아, 어른이 눈물을 흘리는데 어디서 반말을 하고 그러느냐! 내가 슬퍼하는 이유를 한 번 들어 봐라. 내가 어린 시절에 건넛산에 나무 세 그루를 심었다. 그런데 한 그루는 큰아들이 하늘에 별 박느라고 가져가고, 또 한 그루는 둘째아들이 황하 만든다고 가져가지 않았겠느냐? 이제 두 아들은 모두 세상을 떠나고 없는데, 저 나무 한 그루만 남아 있으니 내가 슬퍼서 눈물을 흘리는 게다."

그 말에 모두들 깜짝 놀라 두꺼비를 바라보았어요. 두꺼비의 말대로라면, 두꺼비는 이 세상에 별과 강이 생기기도 전부터 살고 있었던 거니까요. 토끼가 입을 열었어요.

"두꺼비 님이 우리 중에서 나이가 가장 많으시군요. 어서 윗자리에 앉으십시오."

고전 속 지혜 배우기

누가 가장 나이가 많은지 노루와 여우가 설왕설래(說往說來)하던 중에 두꺼비가 승리를 차지했네요. 다들 허풍이 엄청나요. 그래도 서로 웃어른이라고 끝까지 싸우는 것보다는 훨씬 보기 좋네요.

고전 깊이 읽기

왜 노루는 호랑이를 초대하지 않았을까?

동물이 나오는 전래동화를 보면 빠놓지 않고 등장하는 동물이 있어요. 바로 산중의 왕, 호랑이죠. 그런데 〈두껍전〉에서는 호랑이가 나오지 않아요. 아예 이야기 첫 부분에서, 노루가 잔치를 열 때 호랑이는 부르지 않았다고 이야기를 하죠. 노루는 왜 호랑이를 부르지 않았을까요?

그건 이 이야기의 전체 줄거리와 연관이 있을 것 같아요. 〈두껍전〉은 수많은 동물이 모여 누가 윗자리에 앉을지를 두고 말싸움을 벌이는 내용이잖아요? 그런데 만약 여기에 호랑이가 있었다면 어떻게 되었을까요? 호랑이가 힘으로 모두를 누르고 윗자리에 앉지 않았을까요? 노루도 그런 상황을 예상하고 호랑이를 부르지 않았을 거예요.

이렇게 생각하면 모두 모여 잔치를 즐길 동안, 혼자 동굴에 있을 호랑이가 안쓰럽기도 하고 쌤통이라는 생각도 들어요. 평소에 다른 동물들을 괴롭히지 않았다면 좋았을 텐데 말이죠.

우리 주변에도 자신의 힘만 믿고 다른 아이들을 괴롭히는 호랑이 같은 친구들이 있어요. 힘 자랑을 즐기는 친구는 자기 앞에서 쩔쩔매는 약한 친구의 모습에 즐거워하죠. 어떤 친구는 그런 친구를 부러워하기까지 해요. 하지만 〈두껍전〉에 나오는 호랑이처럼, 힘만 믿는 친구를 따르는 사람은 없다는 것을 잊지 마세요.

束 手 無 策
묶을 손 없을 책략

속수무책

어쩔 도리가 없이 꼼짝 못함.

처음 산 외투를 빼앗긴 아카키예비치

19세기 러시아의 어느 관청에 아카키 아카키예비치라는 50세가 넘은 관원이 일을 하고 있었어요. 그는 결혼도 하지 않은 채, 관청에서 다른 사람들이 작성한 서류를 보기 좋게 옮겨 쓰는 일을 하며 평생을 보냈어요.

그러던 어느 겨울, 퇴근을 하던 아카키예비치는 갑자기 추워서 견딜 수가 없었어요.

'이상하다. 왜 이렇게 춥지? 외투에 뭔가 문제가 있나?'

집으로 돌아온 아카키예비치는 자신의 외투를 살펴보았어요. 언제 샀는지 기억도 나지 않을 정도로 오래된 외투는 천이 닳을 대로 닳아 속이 훤히 비칠 지경이었죠.

사실 아카키예비치의 외투는 다른 관원들 사이에서 놀림감이었어요. 외투가 아니라 '천싸개'라는 말을 들을 정도였죠.

"안 되겠어. 아무래도 새 외투를 사야겠어. 그런데, 돈이 없는데 어쩌지?"

그날 이후, 아카키예비치의 눈앞에 새 외투가 아른거리기 시작했어요. 그가 생전 처음으로 욕심을 가지게 된 것이죠. 그는 그동안 모은 저금과 석 달 동안 먹는 걸 줄여 모은 돈을 합쳐 새 외투를 맞추기로 했어요.

2주일이 지난 뒤, 드디어 새 외투가 아카키예비치의 손에 들어왔어요. 그는 새 외투를 입고 감격스러운 목소리로 말했죠.

"이건…… 지금까지 내가 본 어떤 외투보다 멋지구먼."

아카키예비치는 그 어느 때보다 당당한 걸음걸이로 관청에 출근했어요. 그가 '천싸개'를 벗고 새 외투를 구입했다는 소문은 금세 관청 전체에 퍼졌죠. 모두들 아카키예비치에게 찾아와 축하인사를 건넸어요. 심지어 부과장은 이런 제안까지 했죠.

"오늘 아카키예비치가 새 외투를 산 기념으로 우리 집에서 축하파티를 하도록 하지. 모두들 참석하게나."

아카키예비치는 파티에 참석해서 처음으로 술도 몇 잔 마시고, 집으로 돌아갔어요. 밤거리는 하나도 춥지 않았죠. 그런데 그때, 그에게 불한당들이 다가왔어요.

"어라? 이거 내 외투 아냐?"

"그, 그게 무슨 소리십니까? 이건 제 외툽니다."

"시끄러워, 이놈아! 내 외투 내놔!"

불한당들은 아카키예비치에게 주먹을 휘둘러 그를 쓰러뜨리더니, 외투를 벗겨 도망쳐 버렸어요. 속수무책으로 외투를 빼앗긴 아카키예비치는 멍하니 읊조렸죠.

"내 외투, 내 외투……."

아카키예비치는 한참이나 추운 겨울바람에 시달리며 자신의 외투를 찾아 다녔어요. 그게 잘못이었죠. 집으로 돌아온 아카키예비치는 고열에 시달리다 그만 세상을 떠나고 말았어요.

그날 이후, 그가 살던 거리에는 이상한 소문이 퍼졌어요. 밤마다 아카키예비치의 유령이 나타나 사람들의 외투를 빼앗아 간다는 거였죠. 그는 죽어서도 자신의 외투를 찾아 헤맸던 거예요!

고전 속 지혜 배우기

태어나 처음으로 마음에 든 외투를 속수무책(束手無策)으로 빼앗긴 아카키예비치는 얼마나 가슴이 아팠을까요! 그래서 유령으로나마 나타나 자신의 외투를 찾으려 했을 거예요.

고전 깊이 읽기

소심해서 슬픈 작가, 니콜라이 고골

〈외투〉를 쓴 작가, 니콜라이 고골은 러시아를 대표하는 훌륭한 작가로 이름이 높아요. 그런데 고골의 삶이 〈외투〉의 주인공 아카키예비치처럼 소심함 그 자체였다는 사실, 알고 있나요?

1829년, 고골이 야심차게 낸 첫 시집은 고작 250부밖에 팔리지 않았어요. 많은 악평까지 들었죠. 크게 상심한 고골은 자신의 시집을 모두 모아서 불태워 버렸어요. 이후 몇 편의 단편소설이 인정을 받으며 작가의 길로 접어들죠.

그 즈음, 고골의 소심함을 보여주는 사건이 일어나요. 고골은 잠시 공무원 생활을 했던 때의 기억을 살려 〈감찰관〉이라는 희곡을 써요. 그 작품은 연극으로 공연되어 수많은 사람들의 열광적인 지지를 받아요. 부패한 러시아 지도층을 잘 풍자했다면서요. 하지만 정작 고골은 그럴 생각이 아니었어요. 혹시 자기 작품 때문에 피해를 입을까 봐 걱정한 고골은, 〈감찰관〉의 줄거리가 위대한 선배작가인 푸시킨에게서 나왔다며 공을 돌리기까지 했죠. 자기 작품을 자기가 쓴 게 아니라고 부정할 정도로 겁을 먹었던 거죠.

그 이후 고골은 사회풍자적인 작품을 쓰는 걸 그만두고, 세상에 순응하는 작품을 쓰기 시작해요. 그러자 고골을 지지하던 독자들은 실망해서 그의 곁을 떠나 버리죠. 결국 고골은 홀로 살아가다 갑작스레 숨을 거두었어요.

고골은 우크라이나 태생이지만, 러시아에서 살다 숨을 거뒀죠. 그 때문에 러시아와 우크라이나는 서로 고골이 자기 나라의 대표작가라며 싸움을 벌이고 있대요. 하늘나라에 간 고골이 이 모습을 본다면 어떤 생각이 들까요? 아카키예비치처럼 유령으로 나타나 그만 싸우라고 화를 내지 않을까요?

首 丘 初 心
머리 언덕 처음 마음

수 구 초 심

여우가 죽을 때 머리를 자신이 살던 굴 쪽으로 둔다는 뜻으로, 고향을 그리워하는 마음을 뜻하는 말.

함께 고향으로 돌아간 최척과 옥영

조선시대의 전라남도 남원에 최척이라는 사내와 옥영이라는 여인이 살고 있었어요. 이 둘은 서로 첫눈에 반해 결혼한 후, 등에 붉은 점이 있는 몽석이라는 아들을 낳았죠.

하지만 이 둘의 행복은 오래가지 않았어요. 임진왜란이 터져 왜군이 쳐들어오자 온 가족이 뿔뿔이 흩어지고 만 거예요. 최척은 부인과 자식을 찾아 남원 일대를 돌아다녔죠. 하지만 자기 집의 하인을 만나 듣게 된 소식은 참담하기 이를 데 없었어요.

"나리, 이를 어쩝니까? 마님께서 왜군장수에게 끌려가 버렸습니다. 게다가 도련님도 어디론가 사라지셨어요."

최척은 그 이야기를 듣자 정신이 나가 스스로 강에 빠져 죽으려 했어요. 하지만 지나가던 피란민이 최척을 말렸죠.

"이보시오. 이 전쟁에 가족을 잃은 사람이 어디 당신뿐이겠소? 마음을 굳게 먹으시오. 살다 보면 가족을 다시 만날 날이 있지 않겠소?"

그 말에 최척은 마음을 고쳐먹고, 전국을 돌아다니며 가족을 찾았어요. 그러다 명나라 장수의 도움으로 명나라에 가서 무역업에 뛰어들게 되죠. 그의 목적은 하나였죠.

'이렇게 무역을 하며 떠돌다 보면, 부인과 아들을 만날지도 몰라.'

한편, 일본에 끌려간 옥영은 남장을 한 채 일을 하며 지내요. 열심히 일하는 옥영의 모습을 좋게 본 일본인 주인은 그녀를 데리고 일본과 명나라를 오가며 일하죠.

그렇게 몇 년이 지난 어느 날 밤, 최척은 지나가던 일본배에서 들려 오던 노랫소리를 듣고 깜짝 놀라고 말아요.

'저 노래는! 부인이 나에게 불러 줬던 그 노래 아닌가?'

최척은 다급히 그 일본배를 찾아갔어요. 그리고 옥영과 꿈에도 그리던 재회를 하죠.

"여보!"

"여보!"

최척과 옥영은 꼭 끌어안고 눈물을 펑펑 쏟았어요.

그 후, 둘은 명나라에서 살면서, 역시 등에 붉은 점이 있는 작은아들 몽선을 낳아 행복하게 살았죠. 그러면서도 수구초심이라는 말처럼, 고향으로 돌아가고 싶은 마음은 점점 커져만 갔죠.

하지만 둘의 고난은 여기서 끝나지 않았어요. 명나라에서 전쟁이 벌어지자 둘은 다시 헤어지고 말았어요. 그런데 그 전쟁터에서 포로가 된 최척은 헤어

졌던 큰아들 몽석과 만나게 되었죠. 그리고 함께 힘을 합쳐 도망쳐서 고향으로 돌아갔어요. 그 소식을 전해 들은 옥영 역시, 둘째아들 몽선과 며느리 홍도를 설득해 배를 타고 조선으로 향했어요.

결국 최척 가족은 모두 다시 만나 고향 남원에서 행복한 삶을 보내게 되었어요.

고전 속 지혜 배우기

여우도 자기 동굴을 보며 죽듯, 사람이라면 누구나 고향을 그리는 수구초심(首丘初心)이 있기 마련이에요. 최척과 옥영은 긴 시간 모진 고생을 했네요. 하지만 결국 고향에서 행복한 삶을 보내게 되었으니, 정말 다행이에요.

고전 깊이 읽기

이산가족과 명절

1950년 6월 25일, 한국현대사 최대의 비극적인 사건이 일어나요. 북한이 남한을 기습 침공하면서 한국전쟁이 시작된 것이죠. 그로 인해 3년 동안 한반도는 전쟁에 휩싸여요. 하지만 정말 슬픈 건, 그 전쟁이 한민족끼리 총을 겨누고 싸운 전쟁이었다는 점이에요.

1953년 7월 27일, 휴전을 하고 난 이후 대한민국은 전쟁의 상처를 씻어 내기 위해 많은 노력을 했어요. 그로 인해 현재 대한민국은 선진국의 반열에 들어설 정도로 큰 발전을 이루었죠. 하지만 아무리 노력해도 지울 수 없는 전쟁의 상처가 있어요. 바로 이산가족의 존재죠.

한국전쟁 중에 헤어진 가족들은 곧 다시 만날 수 있을 거라고 생각했어요. 하지만 휴전선이 생기며 남과 북이 나누어지자, 떨어진 가족들은 서로 만나고 싶어도 만나지 못하게 되었죠. 그야말로 〈최척전〉에서 최척과 옥영이 헤어진 것과 같은 상황이 된 거죠. 현실 속 이산가족은 60년이 훨씬 지난 지금까지 만나지 못했으니 더욱 안타까워요.

고향과 가족을 두고 내려와 대한민국에서 사는 사람들을, 고향을 잃은 사람이라는 뜻인 '실향민'이라고 불러요. 그들에게는 가족들이 고향에 모이는 설과 추석 같은 명절이 가장 가슴 아픈 날이죠. 그래서 실향민들은 명절이 되면 북한이 보이는 파주 임진각에 모여 차례를 지내며 슬픔을 달래요.

휴전선 너머 그리운 고향땅을 슬픈 눈으로 바라보는 실향민들을 보고 있노라면 고향이, 가족이 얼마나 소중한 존재인지 저절로 느껴져요. 하루빨리 통일이 되어서 그분들이 헤어진 가족과 만났으면 좋겠다는 생각이 들어요.

神 出 鬼 沒

귀신 날 귀신 가라앉을

신 출 귀 몰

귀신처럼 자유자재로 나타났다 사라짐.

부처님과 내기를 해 부인을 얻은 양생

먼 옛날, 어려서 부모님을 잃고 외롭게 살던 양생이라는 총각이 있었어요. 그는 늘 자신의 인연을 만나길 기다렸죠.

그러던 어느 날, 양생은 만복사라는 절을 지나치게 돼요. 그때 양생의 머릿속에서 기발한 생각이 떠올랐죠. 양생은 만복사 부처님상을 찾아갔어요.

"부처님, 제가 오늘 부처님을 모시고 저포놀이(주사위를 던져 하는, 윷놀이와 비슷한 놀이)를 하려고 합니다. 만약 제가 지면 부처님께 크게 공양을 올리겠습니다. 만약 제가 이기면 제가 아름다운 여인을 만나게 해 주십시오."

양생은 자기 차례 한 번, 부처님 차례 한 번 하며 번갈아 저포를 던졌어요. 얼마 후, 승부가 났죠. 양생의 승리였어요. 양생은 부처님상에 절을 올렸어요.

"부처님, 제가 이겼습니다. 꼭 소원을 들어주십시오."

그때 밖에서 인기척이 들렸어요. 양생은 자기도 모르게 부처님상 뒤에 숨었죠.

잠시 후, 하늘에서 내려온 선녀와 같이 아름다운 여인이 부처님상 앞으로 다가왔어요. 그 여인은 절을 올리더니 부처님 곁에 무릎을 꿇고 눈물을 흘렸어요.

"부처님, 제 운명에 인연이 있다면 어서 배필을 얻게 해 주세요. 이제 외로움에 지쳐 영혼마저 사라질 것만 같습니다."

영혼이 사라지다니? 뭔가 이상한 말이었지만 이미 여인에게 흠뻑 빠진 양생의 귀에는 들리지 않았어요.

양생은 그녀에게 다가가 자신의 처지를 이야기했어요.

"부처님께서 당신과 저를 만나게 하려 하셨나 봅니다."

그 말을 듣자 여인의 얼굴도 기뻐 환해졌어요.

"이렇게 만난 것도 인연이오니, 서방님으로 모시겠습니다."

양생은 여인의 집으로 가 사흘 동안 즐겁게 지냈어요. 그 사이 여인이 가끔 어디론가 사라졌다 다시 나타나곤 했는데, 마치 귀신처럼 신출귀몰한 게 아니겠어요? 하지만 양생은 여인을 보는 게 즐거워 이상하다는 생각조차 하지 못했어요.

그렇게 사흘이 흘렀을 때, 여인이 갑자기 눈물을 흘리기 시작했어요.

"서방님, 이제 저는 떠날 때가 되었습니다."

"아니, 갑자기 그게 무슨 말이오? 떠나다니! 나는 어쩌고 혼자 어딜 간단 말이오?"

양생은 놀라 여인을 보았어요. 그러자 여인은 놀라운 이야기를 하기 시작했어요.

"저는 사실 백제 귀족의 딸입니다. 그런데 왜구가 쳐들어와 그만 생을 마감하고 말았습니다. 사랑하는 사람 한 번 못 만나고 죽는 게 억울해 부처님께 한탄을 하다, 서방님을 만나게 된 것입니다. 이제 한이 풀려 떠날 때가 되었습니다. 다음 생에 꼭 다시 만나요, 서방님."

그 말을 끝으로 여인은 바람처럼 사라졌어요. 홀로 남은 양생은 안타까움의 눈물을 흘렸어요. 그 이후, 양생은 여인을 다시 만나길 기다리며 산에서 약초를 캐며 여생을 보냈어요.

고전 속 지혜 배우기

신출귀몰(神出鬼沒)하는 여인의 모습을 보면서도 그녀가 귀신인 줄 모르다니. 양생은 여인을 정말 사랑했나 봐요. 다음 생에는 양생과 여인의 사랑이 이루어졌으면 좋겠네요.

고전 깊이 읽기

세상을 버린 천재, 김시습

《금오신화》의 작가 김시습은 어렸을 때부터 이미 신동으로 이름이 높았어요. 특히 시를 잘 짓기로 유명했죠.

김시습이 다섯 살 때의 일이에요. 당시 조선의 왕 세종대왕은 김시습의 소문을 들었어요. 그래서 직접 김시습을 궁궐로 불러 시를 짓도록 했죠. 김시습의 시가 마음에 든 세종대왕은 상으로 비단을 50필이나 내려요. 그런데 재미있는 건 그 비단을 김시습 혼자 들고 가게 했다는 거예요. 아마 김시습의 천재성을 시험해 보려 한 것이겠죠. 모두들 김시습이 어떻게 행동할지 궁금해했죠. 그런데 김시습은 갑자기 비단 50필을 모두 묶기 시작했어요. 그리고 그 끝을 자기 허리에 묶어서 끌고 갔죠. 그 모습을 본 세종대왕과 신하들은 "과연 천재로구나!" 하며 감탄했다고 해요. 모두들 김시습이 크면 과거급제를 해 조선을 이끌 큰 인물이 될 거라는 걸 믿어 의심치 않았죠.

하지만 김시습은 수양대군이 자기 조카 단종을 쫓아내고 스스로 왕위에 오르더니, 결국에는 조카에게 사약을 내리는 모습을 보며 큰 충격을 받아요.

'권력을 위해 자기 조카를 죽이는 왕 아래에서 어떻게 벼슬을 한단 말인가!'

김시습은 책을 모두 불태워 버리고는 머리를 깎고 산으로 들어가요. 그리고 끝까지 세상을 등지며 살아갔죠. 그때 쓴 책이 조선 최초의 한문소설이라고 일컬어지는 《금오신화》예요. '금오산에서 지어진 새로운 이야기'라는 뜻이죠.

《금오신화》에는 〈만복사저포기〉를 포함한 총 다섯 편의 이야기가 있어요. 그런데 그 내용이 모두 비극적이죠. 〈만복사저포기〉만 해도 결국 사랑하는 여인이 귀신이었음이 밝혀지고, 양생 홀로 산에서 지낸다는 이야기잖아요. 이런 쓸쓸한 결말에서 우리는 김시습의 마음을 엿볼 수 있어요.

惡 戰 苦 鬪
악할 싸움 쓸 싸울

악 전 고 투

악조건을 무릅쓰고 죽을 힘을 다해 싸움.

모비 딕을 잡기 위해 평생을 바친 에이해브

"어서 돛을 펴! 노를 저어! 저놈을 놓치지 마라!"

피쿼드호의 선장, 에이해브는 소리를 높였어요. 거친 파도가 출렁거려 다들 서 있기도 힘든 상태였지만, 에이해브는 굳건히 서서 바다 한 곳을 노려보았어요.

에이해브의 눈이 머무른 그곳에는 엄청난 크기의 흰 고래가 몸을 드러내고 있었어요. 그 흰 고래는 마치 에이해브를 비웃듯 바라보고 있었죠.

에이해브는 향유고래의 뼈로 만든 자신의 의족을 보았어요.

"모비 딕. 이번에는 절대 놓치지 않겠다!"

에이해브는 작살을 들고 뱃머리로 달려갔어요. 금방이라도 바다로 뛰어들어 저 '모비 딕'이라고 부르는 흰 고래를 향해 달려들 태세였어요.

대체 모비 딕과 에이해브 선장 사이에 무슨 일이 있었던 걸까요?

에이해브는 한평생 향유고래를 잡아 온 포경선의 선장이었어요. 그는 뛰어난 선장으로 이름 높았죠. 하지만 그런 에이해브의 자존심에 상처를 입힌 사건이 일어나요. 바로 모든 선원들이 두려워하는 괴물, 흰 고래 '모비 딕'에게 배와 부하를 잃고 만 것이죠. 그리고 그때 자신의 한쪽 다리를 잃고 말아요.

그때부터 에이해브는 모비 딕을 잡는 데 자신의 평생을 바치기로 마음먹었어요. 그는 오랜 경험으로 모든 바다를 자신의 손바닥 바라보듯 알고 있었어요. 그래서 모비 딕이 나타날 만한 곳을 모조리 헤집고 다녔죠.

그렇게 몇 년이나 지났을까, 에이해브는 결국 태평양 한가운데서 모비 딕을 만나게 되었어요.

3일 동안 에이해브는 모비 딕을 추적하며 온갖 악전고투를 치뤘어요. 그의 부하들 대부분이 목숨을 잃었어요. 그 와중에 모비 딕도 많은 상처를 입었죠.

드디어 에이해브와 모비 딕의 마지막 결전이 펼쳐지려 하고 있었어요.

에이해브는 작은 보트를 타고 모비 딕을 향해 나아갔어요. 그런데 갑자기 모비 딕이 에이해브를 지나쳐 피쿼드호를 향해 가는 게 아니겠어요? 피쿼드호를 침몰시키려고 하는 것이었어요.

에이해브는 그때를 놓치지 않고 모비 딕에게 작살을 겨눴어요!

"모든 것을 파괴하는 이 끔찍한 고래야! 이제 너에게 이 작살을 던진다. 이 작살은 내 마지막 숨, 내 목숨이다! 난 죽어서도 평생 널 쫓아다닐 것이다! 이 창을 받아라!"

에이해브는 온 힘을 다해 모비 딕에게 작살을 던졌어요. 작살에 찔린 모비 딕은 더욱 빠르게 피쿼드호를 향해 내달렸어요.

쾅!

그 소리와 함께 피쿼드호는 바닷속으로 가라앉았어요. 에이해브 역시 바다에 빠져 사라지고 말았죠.

모든 걸 삼킨 바다는 마치 아무 일도 없었다는 듯 잔잔했어요.

고전 속 지혜 배우기

에이해브 선장이 온갖 악전고투(惡戰苦鬪)를 겪으면서도 모비 딕을 쫓는 모습이 너무 처절해요. 만약 에이해브 선장이 모비 딕에 대한 집착을 버렸더라면 훨씬 더 행복하게 생을 마감할 수 있었을 텐데 말이죠.

고전 깊이 읽기

포경선과 고래잡이

〈모비 딕〉은 한때 포경선 선원이었던 작가 허먼 멜빌의 경험에서 우러나온 소설이에요. 모비 딕이라는 흰 고래의 이름도, 19세기 무렵 난폭하기로 유명했던 모카 딕이라는 향유고래에서 따온 것이죠. 당시 모카 딕은 실제로 몇 척의 배를 들이받아 침몰시켜 악명이 드높았다고 해요.

그런데 〈모비 딕〉을 읽고 있노라면 궁금증이 하나 생겨요. '대체 왜 이렇게 위험한 고래를 잡으려고 했을까?' 하는 거죠. 그건 모두 향유고래의 기름을 얻기 위해서였어요.

19세기 전까지만 해도 선원들 사이에서 향유고래는 공포의 대상이었어요. 향유고래는 무리를 지어 다니는 습성이 있을 뿐만 아니라, 성격이 사나워 배를 향해 돌진하기 일쑤였죠. 그런데 우연히 향유고래를 잡은 선원들은, 향유고래에 질 좋은 기름이 가득하다는 걸 알게 되었죠. 향유고래를 잡아 기름을 팔면 큰돈을 벌 수 있다는 사실 때문에 선원들은 너도나도 바다로 향했어요.

19세기 서양에서는 향유고래를 잡기 위한 열풍이 일어나요. 고래를 잘 잡기 위한 기술도 발달했죠. 하지만 그만큼 많은 선원들이 항해 도중 고래에 잡혀 죽기도 했죠. 〈모비 딕〉의 선장 에이해브도 고래를 잡다 모비 딕에게 다리를 잃고 말았잖아요. 하지만 그럼에도 사람들은 부자가 되겠다는 욕심으로 계속 고래를 잡았어요. 그 결과 20세기 초가 되었을 때는 대부분의 고래가 멸종 위기에 처하게 되었죠. 그래서 지금은 반대로 환경단체가 나서서 고래를 보호하는 데 힘을 쏟고 있어요.

무서운 향유고래까지 멸종 위기에 처하게 하다니. 그러고 보면 가장 무서운 건 인간의 욕심인 것 같아요.

易 地 思 之
바꿀 처지 생각할 어조사

역 지 사 지

처지를 바꾸어 생각함.

물고기와 겨루며 물고기의 마음을 느낀 노인

쿠바의 한 해안가 마을, 그곳에 84일 동안 물고기를 단 한 마리도 잡지 못한 노인이 있었어요. 노인이 지나갈 때면 다른 어부들은 그를 놀리기 바빴죠. 또 어떤 사람들은 그 노인이 바다의 저주를 받은 불운한 사람이라며 그를 피했어요. 하지만 노인은 화를 내지 않았어요. 그저 '내일이면 분명 큰 물고기를 잡을 거야.' 하고 희망을 품었죠.

물고기를 못 잡은 지 85일째 되는 날, 노인은 조각배를 타고 바다로 나섰어요. 그 어느 날보다 하늘은 화창했고, 바다는 잔잔했죠. 노인은 노를 저으며 생각했어요.

'오늘은 행운이 찾아올지도 몰라. 평소보다 조금 더 멀리 가 볼까?'

노인은 그동안 물고기를 잡던 곳에서 벗어나 더 먼 바다로 향했어요. 하늘을 보니 새들이 맴도는 곳이 보였어요.

'새들이 있는 곳에는 다랑어떼가 있지. 그리고 그 다랑어를 잡아먹는 큰 물고기가 있어. 저기가 좋겠군.'

노인은 다랑어떼가 넘실거리는 바다에 도착했어요. 그리고 익숙한 솜씨로 갈고리에 미끼를 걸고 낚싯줄을 내렸어요. 잠시 후, 뭔가가 낚싯줄을 끌어당기는 느낌이 들었어요. 묵직한 느낌으로 봤을 때 분명 큰 물고기였어요.

"그래, 좋았어."

노인은 참을성 있게 기다렸어요. 그리고 물고기가 갈고리를 다 삼켰다고 생각할 즈음, 낚싯줄을 확 잡아당겼죠. 노인은 혼신의 힘을 다해 낚싯줄을 잡아당겼어요.

하지만 물고기는 올라오지 않았어요. 노인이 쉽게 끌어올리지 못할 정도로 크고 힘이 센 물고기가 걸린 거예요! 물고기는 갈고리에 걸린 채로 움직이기 시작했어요. 그 힘에 노인이 탄 배도 움직이기 시작했죠.

노인은 잠시 당황했지만 곧 침착함을 되찾았어요.

"그래, 기다리는 거야. 그럼 이놈도 곧 힘이 빠지겠지. 그때 끌어올리는 거야."

노인은 낚싯줄을 자기 몸에 동여매고 버티기 시작했어요. 배는 점점 육지와 멀어졌어요. 노인도 지치기 시작했죠. 하지만 노인은 차마 낚싯줄을 끊지

못했어요. 그 물고기는 노인이 85일 만에 잡은 것이었거든요.

그렇게 하루가 지났어요. 잠도 자지 못하고 낚싯줄을 붙잡고 있던 노인은 서서히 지쳐 갔어요. 그러면서 이상하게도 역지사지의 마음으로 그 물고기에 대해 생각하기 시작했어요.

'분명 멋진 놈이겠지. 나이는 얼마나 먹었을까? 분명 똑똑한 놈이야. 만약 이놈이 자신을 갈고리로 잡은 게 나이 든 노인인 걸 알면 어떤 기분일까? 나와 마찬가지로, 이제 아무도 이놈을 도와줄 수 없어. 이건 나와 이놈의 싸움이야. 우리 둘만이 이 낚싯줄로 연결되어 있으니까.'

그렇게 생각을 하니 노인은 마치 저 거대하고 멋진 물고기가 자신과 같이 느껴졌어요.

고전 속 지혜 배우기

평생 바다에서 물고기를 잡은 노인, 평생 바다에서 자유롭게 산 물고기. 어찌 보면 이 둘은 어느 누구보다 역지사지(易地思之)의 마음으로 서로를 이해할 수 있는 존재일지 모르겠네요.

고전 깊이 읽기

신념을 위해 전쟁에 뛰어든 작가, 헤밍웨이

〈노인과 바다〉에서 노인은 물고기를 잡기 위해 3일 동안 잠도 제대로 자지 못하고 고생을 해요. 그리고 결국 힘이 빠진 물고기를 잡아 자신의 배 위로 끌어올리는 데 성공하죠. 노인의 생각대로 정말 멋지고 커다란 물고기였어요. 노인은 물고기를 배 옆에 묶고 항구로 돌아가요. 하지만 물고기에서 흘러내린 피는 금세 상어들을 불러 왔어요.

항구로 돌아가는 동안, 노인은 자신의 물고기를 노리는 상어떼와 처절한 싸움을 벌여요. 물고기는 결국 상어들에게 모두 뜯겨 먹히고, 노인에게 남은 건 물고기의 거대한 뼈밖에 없었어요.

하지만 노인은 절대 절망하지 않았어요. 왜냐하면 물고기가 뼈밖에 남지 않았다고 해서, 그가 물고기를 잡은 사실이 사라지는 건 아니었으니까요. 살아 있다면, 또다시 그런 물고기를 잡을 수 있을 테니까 말이죠.

최악의 상황에서도 절대 절망하지 않고 행동하는 노인의 모습은 작가 어니스트 헤밍웨이를 닮은 것 같아요. 헤밍웨이는 '행동하는 작가'로 유명했죠. 그는 자신이 옳다고 믿는 것을 지키기 위해서라면 목숨을 거는 것도 두려워하지 않았죠. 그래서 그는 스페인 내전과 제2차 세계대전 때에는 종군기자로 참여해 전쟁의 실제 모습을 파헤쳤어요. 그 유명한 노르망디 상륙작전 때에도 참여했을 정도니까요!

전쟁에 직접 뛰어든 작가 헤밍웨이와 물고기를 잡기 위해 목숨을 건 〈노인과 바다〉 속 노인, 둘의 공통점이 느껴지나요?

<젊은 베르테르의 슬픔> 속 오 매 불 망

寤 寐 不 忘

잠 깰 잠잘 아닐 잊을

오 매 불 망

자나 깨나 늘 잊지 못함.

진정한 사랑을 만난 청년, 베르테르

상상력이 뛰어나고 감성이 풍부한 청년 베르테르는 어머니가 부탁한 몇 가지 일을 처리하기 위해 발하임이란 시골마을로 가게 돼요. 시끄럽고 골치 아픈 도시를 벗어나 아름다운 자연과 마주하게 된 베르테르는 무척 기뻤어요. 그는 그 좋아하던 책도 잠시 내려놓고, 시골길을 산책하는 걸 즐겼죠.

그 마을에서 베르테르는 다양한 사람을 만났어요. 하지만 단 하나 아쉽게도, 자신의 마음을 터놓을 만한 진정한 친구는 만나지 못했죠. 그래서 도시에 사는 친한 친구와 편지를 주고받으며 그 외로움을 달랬어요.

그러던 어느 날, 베르테르는 흥분된 어조로 친구에게 편지를 보냈어요. 이건 베르테르가 보낸 편지의 일부분이에요.

이보게. 나는 이곳에서 사랑하는 여인을 만났다네. 그녀는 천사라는 말로도 부족할 정도로 완벽한 여자야. 내 부족한 머리로는 그녀가 어째서 완벽한지, 그 이유를 설명할 수도 없다네.

나는 그녀를 무도회에서 만났다네. 우연히 춤을 추게 되었고, 잠시 산책을 하며 이야기를 나눴지. 그때 그녀의 목소리가 얼마나 아름다웠는지 몰라. 그리고 그녀의 행동은 얼마나 우아하던지. 또 그녀가 시와 문학에 대해 하는 이야기는 놀라울 정도였어!

내 마음을 완전히 사로잡은 그 여인의 이름은 로테라네, 로테.

아, 이제 더 이상 편지를 쓰기 힘들 것 같네. 사실 편지를 쓰다 말고 그녀를 보러 가고 싶어 지금까지 세 번이나 자리에서 일어났거든. 그럼 잘 지내게나.

베르테르가 얼마나 로테에게 반했는지 상상이 가는 편지죠?

그 후로 베르테르는 틈날 때마다 로테를 만나러 갔어요. 걸어서 30분이 걸리는 먼 거리였지만, 그 길을 걷는 건 베르테르의 가장 큰 기쁨이었죠.

베르테르는 로테와 만나면 만날수록 그녀에게 빠져들었어요. 이제는 다른 사람들 모두 베르테르가 로테를 마음에 두고 있다는 걸 알 정도였죠.

하지만 로테에게는 이미 알베르트라는 약혼자가 있었어요. 그는 소심하지만 착한 마음을 지니고 있었고, 베르테르에게도 친절한 젊은이였어요. 그를 볼 때마다 베르테르는 죄책감을 느꼈죠.

'이러면 안 돼. 이곳을 떠나야 해.'

결국 베르테르는 로테를 떠나 다른 도시로 갔어요. 그 도시에서 베르테르는 취직을 하고 일에 파묻혔죠. 하지만 그럼에도 오매불망 로테를 떠올리지 않는 날이 없었어요.

결국 베르테르는 로테를 다시 만나러 발하임으로 향했어요.

고전 속 지혜 배우기

해가 뜰 때마다 로테를 만나러 가는 베르테르의 발걸음은 얼마나 가벼웠을까요? 또 돌아오는 길의 발걸음은 얼마나 무거웠을까요? 여러분도 혹시 이처럼 오매불망(寤寐不忘)으로 그리워하는 사람이 있나요? 그렇다면 그게 바로 사랑일 거예요!

베르테르가 되고 싶었던 청년들

베르테르는 로테를 만난 후, 평생 로테만을 사랑해 왔어요. 하지만 로테는 이미 결혼 상대가 있었기에 베르테르의 사랑을 외면할 수밖에 없었죠. 그래서 괴로움에 빠진 베르테르는 결국 권총으로 스스로 목숨을 끊고 말아요.

〈젊은 베르테르의 슬픔〉은 유럽에 소개되자마자 큰 인기를 끌었어요. 나폴레옹은 전쟁터에까지 이 책을 들고 다니며 열여섯 번이나 읽었다고 하죠. 무엇보다 당시 〈젊은 베르테르의 슬픔〉에 열광한 건 유럽의 젊은이들이었어요. 베르테르는 뛰어난 감수성을 지녔을 뿐만 아니라, 낡은 사회에 대한 비판의식으로 가득 차 있었어요. 젊은이들은 그런 베르테르에게 매력을 느꼈어요.

당시 유럽 젊은이들 사이에서는 소설 속 베르테르의 말과 행동을 따라 하는 게 유행이었어요. 소설 속에 나오는 찻잔이 품절되고, 남자들은 베르테르처럼 푸른색 코트와 노란색 짧은 바지를 즐겨 입었죠.

하지만 정말 심각한 문제는 따로 있었어요. 결말에서 자살하는 베르테르의 심정에 공감한 젊은이들이, 그를 따라 자살을 했다는 거예요. 그래서 〈젊은 베르테르의 슬픔〉은 수많은 젊은이들을 죽음으로 몰고 간 부도덕한 소설이라는 비난도 받았죠. 그런 비난을 받은 작가 괴테는 퉁명스레 대꾸했다고 해요.

"그게 왜 내 소설 탓입니까? 죽은 사람들 탓이지."

글쎄요. 과연 죽음을 아름답게 이야기한 소설의 잘못일까요, 아니면 소설 한 권 때문에 자살까지 결심한 사람들의 잘못일까요? 참 어려운 문제네요.

하지만 확실한 건 '개똥밭에 굴러도 이승이 낫다'라는 속담처럼, 어떤 괴로운 일이 있어도 절대 죽겠다는 생각은 하지 말아야 한다는 거예요. 결국 살아 있어야 그 괴로움을 해결할 수 있을 테니 말이죠.

愚 公 移 山

어리석을 귀인 옮길 뫼

우공이산

우공이 산을 옮기려 함.

어떤 일이든 끊임없이 노력하면 반드시 이루어짐.

산을 옮기려고 한 노인

먼 옛날, 중국 북산이라는 곳에 우공이라는 노인이 살고 있었어요. 그런데 우공의 집 바로 앞에는 태행과 왕옥이라는 커다란 두 산이 길을 가로막고 있었죠. 그래서 다른 마을에 필요한 것이 있어 길을 나서려 하면 산을 빙 둘러 가야 했어요.

나이가 이미 90에 가까워진 우공은 산을 둘러 가기가 점점 힘들어졌어요. 그래서 자식들을 불러 의논했죠.

"이 집은 우리 조상님 대대로 사시던 곳이라서 이사를 갈 수도 없단다. 하지만 여기서 계속 살기에는 저 산 때문에 너무 불편하단다. 내 아들딸들아, 대체 어쩌면 좋겠느냐?"

우공과 그의 자식들은 한참을 의논하다 한 가지 꾀를 떠올렸어요. 아니, 그건 꾀라고 하기에는 너무도 간단하고, 또 엄청난 생각이었죠.

"흙을 퍼내어 산을 옮기자!"

그때부터 우공과 그의 자식들은 매일 산에서 흙을 퍼내 바다에 내다 버리기로 했어요. 우공이 살던 마을과 바다는 멀리 떨어져서, 한 번 흙을 버리고 오는 데만 1년이 걸렸죠. 하지만 우공은 개의치 않고 열심히 흙을 퍼냈어요.

'우공이 산을 옮기려 한다', 즉 우공이산의 소문은 곧 마을 전체에 퍼졌죠. 다들 우공을 비웃었어요.

"그게 말이 되는 소리야? 산을 옮기다니."

"그러게 말이야. 우공이 노망이 났나 봐."

그 소문을 들은 우공의 친구 지수가 그를 찾아갔어요.

"이보게, 지금 마을에서 자네 보고 뭐라고 하는 줄 아는가? 이런 허튼짓 그만하고 나랑 같이 바둑이나 두세."

지수는 웃으며 우공을 말리려 했어요. 하지만 우공은 진지한 얼굴로 답했어요.

"이게 왜 허튼짓이란 말인가? 나는 늙었지만 내 자식은 젊네. 그리고 내 손자들은 지금도 무럭무럭 자라고 있네. 내 자손은 대대로 이어지겠지만, 산은 여기서 더 불어날 일이 없지 않은가? 그러니 언젠가는 산이 평평해질 날이 있을 거야."

그 말에 지수는 할 말이 없어 돌아갔어요. 그런데 우공의 이 말을 들은 이가 또 있었어요. 바로 태행과 왕옥에 사는 산신령이었죠.

'이대로 있다가는 저 우공이란 자가 정말 산을 다 허물어 없애 버리지 않을까?'

산신령은 덜컥 겁이 나 옥황상제에게 찾아가서 도움을 청했어요. 산신령의

이야기를 들은 옥황상제는 우공의 노력에 감동을 받았어요.

다음 날 아침, 우공은 갑자기 산이 사라진 걸 보고 깜짝 놀랐어요.

'이상하다. 내가 어제 산을 다 옮겼던가? 그럴 리가 없을 텐데.'

사실은 옥황상제가 명령을 내려, 두 산을 옮기게 한 것이죠. 그 사실을 알 리 없는 우공은 어안이 벙벙해져 눈만 껌뻑거렸답니다.

고전 속 지혜 배우기

평생이 걸리더라도 산을 옮기겠다는 우공의 진실된 마음이 옥황상제를 감동시켰군요. 이때부터 우공이산(愚公移山)은 '노력하면 큰일을 이룰 수 있다'는 뜻이 되었어요. 여러분도 옮겨야 할 산이 있나요? 그렇다면 우공처럼 계속 노력해 보세요! 꼭 좋은 결과가 있을 거예요.

고전 깊이 읽기

실제로 산을 옮긴 사람이 있다?

앞의 이야기에서 옥황상제가 돕지 않았다면 과연 우공이 산을 옮길 수 있었을까요?

답은 '그렇다'예요. 실제로 산을 옮긴 사람이 있었거든요. 다쉬랏 만지라는 인도인이 바로 그 주인공이에요.

다쉬랏 만지가 사는 마을 입구에는 거대한 돌산이 있었다고 해요. 그래서 도시로 가려면 길을 빙 둘러 가야 했죠.

어느 날, 다쉬랏 만지의 아내가 몹시 아팠어요. 하지만 길을 둘러 가는 바람에 아내는 제때 병원에 가지 못해 숨을 거두고 말았죠. 그런 비극적 사건을 겪은 후, 만지는 결심했어요.

'저 돌산을 없애 버리겠어!'

그 이후, 다쉬랏 만지는 1960년부터 돌산을 깎아 내기 시작했어요. 혼자서, 오로지 망치와 정만 이용해서 말이죠. 처음에는 다들 그를 미쳤다고 비웃었어요. 하지만 1982년, 22년 만에 마을과 도시가 통하는 길을 만들어 내고야 말았죠.

그 이후 다쉬랏 만지는 인도를 넘어서 전 세계의 영웅이 되었어요. 2007년, 다쉬랏 만지는 세상을 떠났지만 지금까지도 사람들의 존경을 받고 있답니다.

危 機 一 髮

위태할 기회 한 터럭

위 기 일 발

여유 없이 아슬아슬하게 닥친 위기의 순간.

노예소년 짐을 도와준 허클베리 핀

열세 살 소년 허클베리 핀이 세상에서 가장 싫어하는 사람은 바로 자기 아버지였어요. 허클베리 핀의 아버지는 늘 술에 취해 살았어요. 그러다 갑자기 사라져서는 몇 개월 동안 나타나지 않았어요. 허클베리 핀은 아버지가 없을 때가 훨씬 좋았어요.

"난 아빠가 차라리 없었으면 좋겠어. 지금 엄마 대신 날 보살펴 주시는 더글러스 아줌마와 함께 있는 게 훨씬 좋은걸. 지금은 학교도 다니고, 글도 배운단 말이야."

허클베리 핀은 늘 이렇게 말하고 다녔죠. 하지만 어느 날, 허클베리 핀의 아버지가 다시 마을에 나타났어요. 그는 허클베리 핀을 끌고 오두막집으로 데리고 갔죠.

"네가 학교를 다녀? 나보다 똑똑해지려고? 이젠 내가 시키는 일이나 하면서 살아!"

허클베리 핀은 아버지 밑에서 고생하던 예전의 생활로 돌아갔어요. 그건 정말 참을 수 없는 일이었죠. 결국 허클베리 핀은 결심했어요.

"도망쳐야겠어. 아빠가 날 잡을 수 없는 먼 곳으로!"

허클베리 핀은 카누를 타고 미시시피 강을 따라 내려갔어요. 그런데 여행길에 한 인물이 갑작스레 끼어들었어요.

"헉(허클베리 핀의 애칭)! 나 좀 살려 줘!"

강가에서 허클베리 핀과 만난 건, 더글러스 아줌마의 동생인 왓슨 아줌마의 흑인노예, 짐이었어요. 짐은 자신이 다른 곳으로 팔려 간다는 이야기를 듣고 도망친 거였어요.

당시 미국은 노예제도가 사라지기 전이어서, 흑인을 노예로 삼아 주인 마음대로 팔 수 있었어요. 허클베리 핀 역시 그 사실을 당연하게 생각했어요. 그래서 여행 중에 짐과 친해질수록, 마음이 점점 불편해졌어요.

'노예가 도망치는 걸 도와주다가 괜히 혼나는 거 아닌가 모르겠네.'

허클베리 핀은 짐의 존재를 다른 사람에게 알려야 할지, 아니면 숨겨야 할지 고민했죠. 결정을 내려야 할 순간은 갑작스레 찾아왔어요.

허클베리 핀과 짐이 잠시 강가에서 쉴 때, 도망친 노예를 찾던 사

냥꾼들이 카누로 접근해 왔어요. 짐은 다급히 천을 뒤집어썼어요. 노예 사냥꾼들은 거친 목소리로 물었어요.

"이봐, 꼬마야. 그 천을 뒤집어쓴 건 누구니? 흑인이니, 백인이니?"

도망칠 수도 없는 위기일발의 순간! 허클베리 핀은 머뭇거리다가 이렇게 대답했어요.

"이분은…… 제 아버지세요."

"그래? 그런데 왜 그렇게 천을 뒤집어 쓰고 있는 거야? 수상한데?"

"그게…… 사실은 아버지께서 천연두에 걸리셨거든요."

"뭐? 천연두!"

당시 천연두는 걸리기만 하면 죽는 끔찍한 전염병이었어요. 노예 사냥꾼들은 그 말을 듣자마자 얼른 도망쳤죠. 그 순간, 허클베리 핀은 깨달았어요. 자신이 짐을 노예가 아니라 친구로 생각하고 있다는 사실을 말이에요.

고전 속 지혜 배우기

짐이 노예 사냥꾼에게 끌려갈지도 모를 위기일발(危機一髮)의 상황을 모면한 허클베리 핀의 재치가 놀랍지 않나요? 하지만 허클베리 핀이 정말 대단한 건, 모두가 흑인을 노예로만 생각하던 그때, 처음으로 흑인을 친구로 받아들였다는 사실이에요.

고전 깊이 읽기

미국 문학의 아버지, 마크 트웨인

"미국의 모든 현대문학은 마크 트웨인의 〈허클베리 핀〉에서 나왔다. 그 전에는 아무것도 없었고, 그 후로도 없었다."

어니스트 헤밍웨이가 한 말이에요. 마크 트웨인이 미국 현대문학에 얼마나 큰 영향을 끼쳤는지 잘 알 수 있는 말이죠.

마크 트웨인만큼 글을 잘 쓰는 작가는 찾을 수 있어요. 하지만 마크 트웨인만큼 미국적인 작가는 어디에도 없죠. 그만큼 마크 트웨인은 자신의 작품을 통해서 미국에서 가장 소중한 가치인 '자유, 정의, 평등, 모험' 등을 대중들의 입맛에 맞게 표현해 냈어요. 그래서 어떤 사람들은 "가장 미국적인 것이 무엇인지 알고 싶으면 마크 트웨인의 작품을 보라."라고 말할 정도죠.

마크 트웨인은 미국의 가치 중 '자유'를 가장 사랑했어요. 자유를 거스르는 모든 행위를 반대했죠. 그래서 유색인종의 자유를 막는 인종차별을 반대했고, 세계를 지배하려는 미국의 행위를 비판했어요.

미국이 필리핀을 침략하자, 마크 트웨인은 〈전쟁을 위한 기도〉라는 책을 써서 미국을 학살자라고 비난했죠. 그리고 필리핀 학살을 칭찬한 미국 대통령 시어도어 루스벨트를 가리켜서는 "남북전쟁 이래 미국 최악의 재앙"이라고까지 말했어요.

미국을 가장 사랑했고, 그만큼 미국의 잘못된 점을 고치려 노력했던 '미국 문학의 아버지' 마크 트웨인. 그를 보면 진정한 나라 사랑이 무엇인지 알 수 있어요.

威 風 堂 堂
위엄 바람 집 집

위 풍 당 당

위엄이 넘치고 거리낌 없이 떳떳함.

긴 여름방학을 마치고 돌아온 15소년

1862년 2월 25일, 뉴질랜드의 오클랜드 항구에 수많은 사람들이 모여 있었어요. 사람들은 모두 목이 빠져라 수평선을 바라보고 있었죠.

그때 우렁찬 뱃고동을 울리며 그래프턴호가 나타나자, 사람들은 환호성을 지르며 선착장 앞으로 모여들었죠. 사람들은 모두 그래프턴호를 기다리고 있었어요. 아니, 조금 더 자세히 말하면 그래프턴호에 타고 있는 소년들을 기다리고 있던 거였죠.

선착장에 도착한 그래프턴호에서 열다섯 명의 소년들이 마침내 모습을 드러냈어요. 위풍당당하게 선착장으로 내려오는 소년들의 모습은 마치 어른처럼 성숙해 보였어요. 그들은 체어먼 기숙학교의 학생들로, 2년간의 긴 여름방학을 마치고 이제야 집으로 돌아온 참이었어요.

2년 전, 체어먼 기숙학교의 소년 열다섯 명은 여름방학을 맞이해서 범선 슬루기호를 타고 뉴질랜드 해안을 6주간 항해하기로 했어요. 물론 능숙한 선원들과 함께할 계획이었죠. 하지만 출항하기 전날 밤 큰일이 벌어지고 말았어요. 소년들이 다음 날 항해를 기대하며 배에서 잠든 동안 선원들은 모두 항구에 저녁을 먹으러 갔죠. 그런데 마침 그때 슬루기호와 항구를 연결한 밧줄이 풀려 버리고 만 것이에요! 어둠에 싸여서 아무도 보지 못하는 사이, 슬루기호는 열다섯 명의 소년을 싣고 어두운 밤바다로 흘러가 버리고 말았어요.

곤히 잠을 자고 있던 소년들은 갑자기 배가 흔들리기 시작하자 하나둘씩 눈을 떴어요.

"뭐야? 우리 모르게 배가 벌써 출발한 건가?"

소년들 중 가장 어른스러운 브리앙은 뱃머리로 올라가 보더니 깜짝 놀랐어요. 칠흑같이 어두운 바다 한가운데 배가 떠다니는 게 아니겠어요? 게다가 하늘 먼 곳에서는 폭풍우가 밀려오기 시작했어요!

"애들아! 일어나! 어서 나와 봐!"

브리앙은 다른 아이들을 모두 깨웠어요. 그리고 폭풍우에 배가 뒤집히지 않도록 돛을 붙잡은 채 밤을 지새웠죠. 몇 번의 위기를 겨우 넘기고 해가 밝았을 때, 소년들은 한 섬에 도착했어요.

"여기서 일단 지내 보자. 얼마 후면 어른들이 우릴 구하러 올 거야."

소년들은 학교의 이름을 따 섬의 이름을 '체어먼 섬'이라고 짓고, 살아남기 위해 노력했어요. 소년들은 마치 로빈슨 크루소처럼 사냥을 하고 농사를 지으며 살았어요. 그리고 자기들끼리 투표를 해서 대통령도 뽑았죠. 그렇게 성숙해져 간 소년들은 2년째 되었을 때는 섬을 찾아온 악당들까지 물리쳤답니다. 그리고 악당의 배를 수리해서 섬을 벗어났다가, 그래프턴호를 만나 집으로 돌

아오게 된 것이죠.

죽었다고 생각한 소년들이 살아 돌아온 모습을 본 가족들은 기뻐 어쩔 줄 몰랐어요. 그리고 사람들은 대체 소년들이 어떻게 살았는지를 궁금해했어요. 소년들은 곧 뉴질랜드 최고의 유명인이 되었어요.

고전 속 지혜 배우기

난생처음 어른들이 없는 곳에서 살게 된 소년들! 정말 힘들었겠죠? 하지만 온갖 시련과 고난을 겪은 만큼 소년들은 성숙해져서 위풍당당(威風堂堂)하게 돌아왔네요.

고전 깊이 읽기

훌륭한 이야기도 가려 읽어야 할 때가 있다!

쥘 베른의 모험소설 〈15소년 표류기〉는 세상에 소개된 후 지금까지 수많은 사람들의 가슴을 뛰게 만든 명작 모험소설이에요. 하지만 이 소설을 자세히 들여다보면, 조금 더 복잡한 이야기들이 숨어 있답니다.

〈15소년 표류기〉에 나오는 학생들은 모두 다른 나라 사람인데요. 학생들의 관계를 살펴보면 당시 유럽 국가들의 관계와 똑같다는 걸 알 수 있어요. 그러니까 쥘 베른은 무인도에서 서로 협동하며 살아가는 소년들의 모습을 통해 유럽이 힘을 모아 발전하기를 바랐던 거죠. 그런데 훌륭한 작가인 쥘 베른도 자기 나라를 아끼는 마음은 어쩔 수 없었나 봐요. 자기 나라인 프랑스 학생 브리앙을 주인공으로 삼고, 프랑스와 사이가 안 좋은 영국인 도니펀은 용감하지만 거만해서 문제를 일으키는 인물로 잡은 걸 보면 말이죠. 이럴 때 '가려 읽기'가 필요한 거예요. 쥘 베른의 의도를 생각하지 않고 읽는다면, 프랑스는 우월하고 영국은 거만하다고 생각할 수도 있잖아요.

〈15소년 표류기〉에서 '가려 읽기'가 가장 필요한 장면은 학생들이 섬의 대통령을 선출하기 위해 투표를 할 때예요. 이때 학생들은 슬루기호의 견습선원이었던 흑인소년 모코에게는 투표권을 아예 주지 않았어요. 흑인이라는 이유 때문이었죠. 이런 부분을 읽을 때에는 '과거에는 흑인을 차별했기 때문에 이런 장면이 들어갔구나. 하지만 현대에는 이렇게 피부색으로 사람을 차별을 하는 건 절대 있을 수 없는 일이야.'라고 생각하는 '가려 읽기'가 꼭 필요해요.

意 氣 揚 揚
뜻 기운 날릴 날릴

의 기 양 양

자랑스러워 뽐내는 모양.

친구를 골탕 먹인 톰 소여

온 세상에 생기가 넘치는 한여름의 토요일 아침, 모든 사람들의 가슴에 즐거움이 깃드는 화창한 휴일에 홀로 깊은 한숨을 내쉬는 소년이 한 명 있었어요. 그 소년은 바로 마을에서 소문난 장난꾸러기인 톰 소여였죠.

'아, 사는 건 왜 이렇게 힘든 일일까?'

톰은 울타리를 바라보며 그런 생각을 하고 있었어요. 톰은 폴리 이모의 명령으로 울타리에 페인트를 칠해야 했거든요. 그게 다 덥다고 학교 가는 걸 빼먹고 강가에서 수영을 한 톰의 잘못이긴 하지만요.

톰은 계속해서 한숨을 내쉬며 흰색 페인트통에 솔을 담갔어요. 그리고 대충 울타리에 흰색칠을 하기 시작했죠. 하지만 아무리 시간이 흘러도 톰의 눈에는 칠하지 않은 벽이 거대한 대륙처럼 다가왔어요.

끝나지 않는 페인트칠보다 톰을 더욱 힘들게 하는 게 있었어요. 바로 '다른 친구들이 보면 어떡하나?' 하는 걱정이었어요.

'그 녀석들, 내가 놀지도 못하고 일하는 걸 보면 분명 나를 놀려 대겠지?'

그 순간 톰의 머릿속에서 기가 막힌 생각이 떠올랐어요.

톰은 다시 솔을 들고 평온한 얼굴로 페인트칠을 하기 시작했어요. 얼마 후, 톰의 친구인 벤 로저스가 나타났어요. 벤은 사과를 맛있게 베어 먹으며 길을 걷고 있었죠. 그러다 페인트칠을 하는 톰을 보았어요. 벤은 좋은 놀림감을 만났다는 듯 씩 웃으며 톰에게 말을 걸었죠.

"어이, 톰. 너 토요일에 일하는 거야? 힘들겠는데?"

하지만 톰은 벤의 말이 들리지 않는다는 듯 진지한 얼굴로 페인트칠을 계속했어요. 그러자 벤은 톰에게 가까이 다가가 다시 말을 걸었어요.

"어이, 톰. 내 말 안 들려?"

그제야 톰은 고개를 돌려 벤을 아는 체했어요.

"어, 벤이구나. 미안, 페인트칠 하느라 너무 집중했나 봐."

"아, 그래? 그럼 헤엄치러 가는데 넌 같이 못 가겠구나. 페인트칠 해야 되니까."

짐은 톰의 말을 장난으로 여기고 다시 놀려 댔어요. 하지만 톰은 진지한 표정으로 대답했어요.

"당연하지. 난 이 일이 마음에 들어. 수영이야 여름이면 늘 할 수 있잖아. 하지만 말이야. 울타리를 페인트로 칠하는 일은 아무나 할 수 없다고."

그 말을 하자 짐은 갑자기 페인트를 칠하고 싶은 생각이 물씬 들었어요.

"있잖아, 톰. 나도 한 번만 해 보면 안 될까?"

"미안. 폴리 이모가 이 일은 꼭 나보고만 하라고 했거든."

"조심해서 하면 되잖아. 이 사과, 너 줄게. 자, 어서 받고 그 솔 좀 줘. 응?"

벤은 톰에게 먹다 만 사과를 주고는 솔을 빼앗아 페인트칠을 하기 시작했어요. 벤을 멋지게 속여 넘긴 톰은 의기양양한 표정으로 사과를 먹으며 그늘로 향했어요.

고전 속 지혜 배우기

페인트칠을 재미있는 일처럼 꾸며서 친구에게 떠넘기고 의기양양(意氣揚揚)하게 빠져나가는 톰 소여의 꾀가 정말 대단하네요. 역시 머리를 써야 장난도 잘 칠 수 있나 봐요.

고전 깊이 읽기

최고의 친구, 톰 소여와 허클베리 핀

여러분은 혹시 '스핀 오프(spin-off)'라는 단어를 들어 본 적이 있나요? 스핀 오프란 TV 드라마나 영화, 만화 등에서 사용하는 말인데요. '원래 작품에서 다룬 소재를 바탕으로 다른 이야기가 갈려 나와 생기는 것'을 말해요. 예를 들면 애니메이션 〈슈렉〉에서 인기를 끈 캐릭터인 '장화 신은 고양이'를 주인공으로 한 애니메이션이 따로 나온 적이 있었죠? 이런 걸 '스핀 오프' 작품이라고 해요.

속편과 '스핀 오프'를 헷갈려 하는 경우도 있는데요. 속편은 본편과 같은 주인공이 나와 비슷한 이야기를 하는 거라면, '스핀 오프'는 본편에서 독자나 관객들이 흥미 있어 하는 부분만 떼어 내 새로운 이야기를 만들어 내는 거예요.

왜 이렇게 '스핀 오프'에 대한 이야기를 길게 했느냐고요? 바로 〈톰 소여의 모험〉도 스핀 오프 작품이 있기 때문이에요. 〈톰 소여의 모험〉에서 장난꾸러기 톰 소여와 함께 마을을 누비며 온갖 장난을 치던 친구 허클베리 핀이 바로 그 주인공이에요.

작가 마크 트웨인은 1876년 〈톰 소여의 모험〉을 쓴 지 8년이 지난 1884년에, 허클베리 핀을 주인공으로 한 일종의 '스핀 오프' 작품인 〈허클베리 핀의 모험〉을 썼어요. 물론 〈허클베리 핀의 모험〉에서도 톰 소여가 친구로 깜짝 등장해요. 마치 서양의 '오성과 한음' 같은 단짝친구인 톰 소여와 허클베리 핀이 8년 만에야 다시 만나게 된 거죠.

人之常情

사람 어조사 항상 정

인지상정

사람이면 누구나 갖는 보통의 마음.

오빠의 장례를 치르기 위해 목숨을 건 안티고네

“아, 대체 이 일을 어쩌란 말인가요? 신이시여, 제발 저에게 답을 내려 주세요.”

한 여인이 자신의 방에서 무릎을 꿇고 기도를 올리고 있었어요. 그녀는 지금 자신이 어떻게 해야 할지 알지 몰라 신에게 답을 묻고 있었죠. 하지만 야속하게도 신은 아무 대답도 해 주지 않았고, 여인이 선택할 시간만 가까워져 갔어요.

여인의 이름은 안티고네. 그리스 역사상 가장 불행한 여인이었어요.

안티고네의 아버지는 테베시의 왕 오이디푸스였어요. 그는 괴물 스핑크스를 물리치고 테베시를 다스린 영웅이었죠. 안티고네는 어렸을 적부터 아버지를 존경했어요.

하지만 오이디푸스는 태양신 아폴론이 내린 끔찍한 저주에 걸린 몸이었어요. 결국 그 저주 때문에 왕위에서 쫓겨나고 눈까지 멀고 말았죠. 그 후 안티고네는 눈이 먼 아버지가 방황하는 동안 그 옆을 지켰죠. 얼마 후, 오이디푸스는 결국 숨을 거뒀어요. 안티고네는 아버지의 장례를 치르고 테베시로 돌아왔죠. 하지만 테베시에는 더 큰 불행이 그녀를 기다리고 있었어요.

안티고네에게는 두 명의 오빠, 에테오클레스와 폴리네이케스가 있었어요. 오이디푸스가 쫓겨난 후, 이 둘은 서로 1년 동안 교대로 테베시를 다스리기로 했죠. 하지만 둘 중 먼저 나라를 다스린 형 에테오클레스는 욕심이 생겨 동생 폴리네이케스에게 왕위를 물려주지 않으려 했죠. 그러자 폴리네이케스는 형을 쫓아내기 위해 외국과 손을 잡고 전쟁을 벌였어요. 며칠 동안 치열한 전투가 벌어졌고, 결국 두 형제는 모두 숨을 거두고 말았죠.

그 후, 안티고네의 삼촌인 크레온이 테베시의 새로운 왕이 됐어요. 그리고 크레온은 왕으로서의 첫 명령을 내렸죠.

"테베시를 지키기 위해 싸운 에테오클레스는 성대히 장례를 치러 줘라. 하지만 외국군대를 이끌고 와 싸운 반역자 폴리네이케스의 시체는 들에 그냥 버려 둬라. 만약 반역자의 시체를 함부로 장례 치러 줬다가는, 그 사람 역시 그 옆에서 죽게 될 것이니라."

안티고네는 작은오빠 폴리네이케스의 장례를 치르지 못하는 게 너무 안타까웠어요. 하지만 만약 장례를 치르려 한다면 왕의 명령을 어긴 죄로 죽음을 맞이해야 했죠. 그래서 안티고네는 밤을 지새우며 자신이 어떻게 해야 할지를 고민한 거였죠.

그때 동쪽 하늘에서 떠오른 강렬한 햇살이 창을 넘어와 안티고네에게 쏟아졌어요. 그 환한 햇살 아래 서자, 안티고네의 머릿속에도 어둠이 걷혔죠.

"그래, 크레온왕의 명령은 지상의 법일 뿐이지만, 동생으로서 오빠의 장례를 치르려 하는 것은 인간이라면 당연히 가지는 인지상정, 즉 하늘의 법이야. 지상의 법은 하늘의 법을 이길 수 없어."

안티고네는 자신이 죽음에 이른다 할지라도 후회가 없다는 걸 깨달았어요. 그녀는 아침햇살이 비치는 거리로 나섰어요.

고전 속 지혜 배우기

안티고네는 어떤 형벌을 받더라도 오빠의 장례를 치러 주기로 결심했어요. 그게 사람이라면 누구나 갖는 인지상정(人之常情)이에요. 여러분들도 무엇이 옳은 일인지 모를 때, 자신의 마음에게 물어보세요. 분명 옳은 답을 들려줄 거예요.

규칙과 마음, 무엇이 맞을까?

우리는 하루에도 몇 번씩 횡단보도를 건너요. 만약 횡단보도에 신호등이 없다면 어떻게 되었을까요? 차들이 멈추지 않고 쌩쌩 지나가서 건너기가 위험했을 거예요. 그래서 사람들은 횡단보도 앞에 신호등을 세우고, 신호등에 파란불이 켜지면 보행자들이 지나가도록 차를 멈추자는 규칙을 세웠어요. 그리고 만약 그 규칙을 지키지 않으면 벌을 내리기로 했죠.

이렇게 사회질서를 유지하기 위해서 사회 구성원들이 만드는 규칙이 바로 '법'이에요. 수많은 사람들이 모여 사는 현대사회에서는 법의 중요성이 그 어느 때보다 커졌어요. 그래서 현대사회를 법으로 다스리는 사회, 즉 '법치사회'라고 말하기도 해요.

하지만 기억해야 할 것은 이런 규칙이 만능은 아니라는 거예요. 배고픈 조카를 위해 빵 한 덩이를 훔치다 감옥에 10년 넘게 갇힌 장발장의 이야기를 알고 있나요? 물론 남의 물건을 훔치는 건 나쁜 짓이고 감옥에 갇히는 벌을 받는 것이 규칙이지만, 장발장의 사정을 생각하면 마음이 아파요. 사람들이 조금만 더 고민했다면 장발장과 세상 모두를 위하는 방법을 찾아낼 수도 있었을 거예요. 하지만 단순히 규칙만 강조하다 보니 죄에 비해 지나치게 무거운 형벌을 준 거예요.

사람은 누구나 실수를 하죠. 규칙 역시, 사람이 만든 것이기 때문에 실수할 수 있어요. 그때 그 규칙을 더욱 옳은 방향으로 바꿀 수 있는 힘은 바로 사람의 마음이라는 것을 잊지 말아요.

一 絲 不 亂
한 실 아닐 어지러울

일 사 불 란

질서가 정연하여 조금도 흐트러지지 않음.

'빅 브러더'가 지배하는 시대

4월의 어느 화창하고 쌀쌀한 날. 45세의 윈스턴 스미스는 자신의 아파트 계단을 오르고 있었어요. 윈스턴은 오른쪽 다리가 살짝 불편했기에 7층의 자기 집까지 올라가는 데도 몇 번이나 멈춰 섰죠. 바로 옆에 엘리베이터가 있었지만 전기공급이 끊기는 시간이어서 아무 소용이 없었어요.

윈스턴은 잠시 멈춰 서서 한숨을 내쉬었어요. 그러다 문득 자신을 바라보는 시선을 느꼈죠. 윈스턴이 고개를 돌려보니 맞은편 건물에 그려진 포스터 속의 거대한 얼굴이 보였어요. 그 얼굴이 윈스턴을 쳐다보고 있던 거였죠. 그 얼굴 아래에는 '빅 브러더가 당신을 보고 있다.'라는 문구가 쓰여 있었어요.

당시 전 세계는 오세아니아, 유라시아, 이스트아시아로 3등분 되어 언제나 서로 전쟁을 벌이고 있었죠. '빅 브러더', 그는 윈스턴이 살고 있는 런던을 비롯한 오세아니아 대륙 전체의 유일한 지배자였어요. 빅 브러더는 전쟁의 완벽한 승리를 위해서 모든 국민이 일사불란하게 움직이길 원했어요. 그래서 모든 국민을 감시하기로 했죠.

윈스턴이 집으로 돌아오니 켜져 있던 텔레스크린에서 오세아니아가 얼마나 발전하고 있는지에 대한 이야기가 나오고 있었어요. 윈스턴이 텔레스크린을 끄는 걸 깜빡하고 외출한 것이 아니었어요. 텔레스크린은 원래 끌 수 없게 만들어졌거든요.

텔레스크린은 단순한 텔레비전이 아니에요. 오세아니아의 비밀경찰이 집 안의 사람들을 감시하기 위해 만든 물건이죠. 비밀경찰은 텔레스크린 장치를 통해 집 안을 들여다보았어요. 그러다 만약 정부에 반대되는 행동을 하거나, 정부에 불만을 품은 사람들이 발견되면 곧바로 비밀경찰이 출동해서 그들을 끌고 갔어요.

윈스턴은 텔레스크린에 등을 돌린 채 창밖을 바라보고 있었어요. 창밖의 어두침침한 풍경을 볼 때마다 윈스턴에게는 의문이 떠올랐어요.

'정말 런던이 예전에도 이렇게 우울한 모습이었던가?'

윈스턴이 아무리 노력해도 어린 시절의 기억은 구체적으로 떠오르지 않았어요. 그저 희미한 풍경들만 그의 머릿속을 맴돌았죠.

윈스턴은 곧 머리를 흔들고는 거실 구석에 웅크려 앉았어요. 그곳은 윈스턴의 집에서 유일하게 텔레스크린이 비치지 않는 곳이었죠. 윈스턴은 거기에 앉아 서랍에서 뭔가를 꺼냈어요. 그건 바로 아름다운 공책이었어요. 지금은 만들어지지 않는, 적어도 40여 년 전의 물건이었죠. 윈스턴은 가난한 골목에 은밀하게 자리 잡은 비밀 가게에서 그 노트를 손에 넣었어요.

윈스턴은 노트를 펴서 맨 앞장에 날짜를 적었어요.

'1984년 4월 4일'

윈스턴은 일기를 쓰려는 거였어요. 그건 정부에서 금지한 위험한 일이었죠. 하지만 그는 그렇게라도 하지 않으면 답답함을 풀 수 없을 것 같았어요. 그는 한 자, 한 자 천천히 자신의 이야기를 일기장에 남기기 시작했어요. 훗날, 그게 자신을 얼마나 고통스럽게 만들지는 알지 못한 채 말이죠.

고전 속 지혜 배우기

빅 브러더는 모든 국민이 흐트러짐 없이 일사불란(一絲不亂)하게 살길 바라죠. 하지만 윈스턴은 거기에 답답함을 느끼고 일기를 써요. 자신의 이야기를 하려 한다는 것, 그게 자유의 첫걸음임을 윈스턴은 스스로 깨달은 거죠.

고전 깊이 읽기

지금 우리 곁에 '빅 브러더'가 있다면?

앞의 이야기는 소설 〈1984〉의 한 대목이에요. 이 소설 속에서 '빅 브러더'는 주인공뿐 아니라 영국 국민 모두를 감시하는 공포의 존재예요.

한 번 생각해 보세요. 만약 누군가 여러분의 모든 것을 지켜보고 있다면 어떨까요? 학교에서 공부할 때도, 운동장에서 친구들과 놀 때도, 심지어 화장실에 갈 때까지 말이에요! 여러분은 한순간도 마음 편하게 있지 못할 거예요. 그러고 보면 '빅 브러더'가 소설 속 가상의 존재인 게 참 다행스러운 일이죠. 그런데 말이에요. 현실에도 우리를 감시하는 존재가 있다는 걸 알고 있나요?

"영국인들은 빅 브러더의 감시 아래 놓여 있다!"

이건 소설 속의 이야기가 아니라, 실제 영국인들이 불만에 차서 이야기하는 소리예요. 그들이 이야기하는 빅 브러더는 바로 CCTV예요. 영국은 세계에서 가장 많은 CCTV가 설치된 곳이거든요. 그래서 영국인들은 아침에 집을 나와 저녁에 퇴근할 때까지 수천 번이 넘도록 CCTV에 찍힌다고 해요.

영국이 이렇게 많은 CCTV를 설치한 것은 바로 범죄예방과 감시를 위해서예요. 실제로 CCTV를 통해서 많은 범죄자를 잡기도 했고, 범죄예방의 효과를 보기도 해요. 하지만 그만큼 '사생활 침해'에 대한 항의도 많이 있어요. 모든 사람을 잠재적 범죄자로 생각하고 사생활까지 감시하고 있다는 거죠.

범죄예방을 위해서는 감시도 필요하다.

VS

지나친 감시는 사생활 침해일 뿐이다.

여러분은 어떤 의견이 맞다고 생각하나요?

一 攫 千 金

한 움킬 일천 쇠

일 확 천 금

힘들이지 않고 단번에 많은 재물을 얻음.

최고의 진주를 얻고도 불행해진 가족

"의사 선생님, 제발 문을 열어 주세요!"

키노와 그의 부인 주애너는 굳게 닫힌 의사의 집 앞에서 눈물을 흘리고 있었어요. 키노의 품에는 그의 어린 아들 코요티토가 식은땀을 흘리며 안겨 있었어요.

"선생님, 제 어린 아들이 전갈에 물렸습니다. 치료를 받지 못하면 죽을지도 몰라요!"

하지만 결국 문은 열리지 않았어요. 집 안에 있는 백인의사는 가난한 인디언인 키노가 돈이 없다는 걸 알고 있었거든요. 결국 키노는 아픈 아들을 안고 집으로 돌아올 수밖에 없었죠.

키노의 직업은 진주를 캐는 어부였어요. 대부분 볼품없는 회색빛을 띤 납작한 싸구려 진주밖에 캘 수 없었죠. 그래도 키노는 혹시나 하는 마음을 품고 다음 날 해가 뜨자마자 진주를 따기 위해 바다로 나갔어요.

그 사이 주애너는 코요티토를 보살피며 간절히 기도를 올려요.

'제발 남편이 커다란 진주를 찾아서, 우리 아들을 병원에 데리고 갈 수 있게 해 주세요.'

키노는 인디언 종족 대대로 내려오는 '진주를 기원하는 노래'를 부르며 바닷속을 헤집었어요. 그러던 그때 키노의 눈에 입을 꽉 닫고 있는 커다란 조개 하나가 눈에 띄었어요. 혹시 그 안에 진주가 있다면 엄청난 크기일 게 분명했죠. 키노는 쿵쾅대는 가슴을 진정시키고 조개를 가슴에 안고 바다 위로 올라왔어요.

키노는 커다란 조개를 카누 한편에 내려놓았어요. 일단 다른 조개들부터 확인한 후 마지막으로 열어 볼 생각이었던 거죠. 키노는 주머니칼을 빼서 작은 조개들을 모두 열어 보았어요. 하지만 어디에도 작은 진주 한 알 없었죠.

이제 드디어 커다란 조개의 차례가 되었어요. 키노는 마음속으로 간절히 기도하며 주머니칼로 조개의 입을 열었어요.

아! 그 조개 안에는 마치 달처럼 영롱하게 빛나는 큼지막한 진주가 있었어요. 은백색 광채를 빛내며 갈매기알만큼이나 커다란, 그야말로 세계 최고의 진주였죠. 키노는 그 진주를 들어 보았어요. 그리고 기쁨의 눈물을 흘렸죠.

"이제 우리 가족은 행복해질 거야!"

키노가 세계 최고의 진주를 발견했다는 소식은 곧 마을 전체에 퍼졌어요. 그게 키노에게는 불행의 시작이었죠. 모든 마을 사람들이 그 진주를 빼앗아 일확천금할 욕심에 빠졌거든요. 곧 키노의 가족은 도망자 신세가 되었죠.

키노는 진주를 노리는 무리에게서 도망치던 와중에 그토록 사랑하던 아들

마저 잃고 말아요. 아들을 낫게 하기 위해 캔 진주가 아들을 죽게 한 것이죠.

키노는 분노에 차 진주를 다시 바다로 집어던졌어요. 진주를 삼켜 버린 바다는 아무 일도 없다는 듯 잔잔하기만 했어요.

고전 속 지혜 배우기

가난한 인디언 어부 키노는 세계 최고의 진주를 캐고 행복해져요. 하지만 진주를 노리는 사람들 때문에 이전보다 더욱 불행해졌죠. 이런 키노의 모습을 보니, 갑작스러운 일확천금(一攫千金)은 행운이 아니라 오히려 저주 같아 보여요.

과연 돈이 많다고 행복할까?

많은 사람들은 부자가 되길 원해요. "부자 되세요!"라는 말을 인사로 하기도 하잖아요? 일확천금의 꿈을 가지고 복권을 사기도 하죠. 그런데 과연 복권에 당첨되어 엄청난 돈을 가지게 되면 행복해질까요?

10여 년 전, 영국에서는 16세 소녀가 복권에 당첨되어 우리나라 돈으로 32억 원이라는 어마어마한 당첨금을 받은 적이 있어요. 그런데 지금 그 소녀는 평범한 엄마가 되어 대형마트에서 일을 하고 있다고 해요. 그 돈을 어디에 썼느냐고 물어보니 무분별한 쇼핑과 파티를 하며 모두 써 버렸다는군요. 게다가 낭비를 하며 빚까지 져서 지금은 가난에 시달리고 있다고 해요.

"복권 당첨금은 나에게 행복이 아닌 고독과 상처만을 줬어요."

한 신문 인터뷰에서 그 여인이 한 말이에요. 이런 걸 보면 돈이 많다고 해서 행복한 건 아닌 것 같아요.

생텍쥐페리의 소설 〈어린 왕자〉를 보면 이런 이야기가 나와요.

만약 어른들에게 "창가에 제라늄 화분이 있고 지붕에는 비둘기가 있는 분홍빛의 벽돌집을 보았어요."라고 말해 봐요. 그럼 어른들은 그 집이 어떤 집인지 알지 못해요. 어른들에게는 "10만 프랑짜리 집을 보았어요."라고 말해야만 해요. 그러면 어른들은 "아, 정말 아름다운 집이겠구나!" 하고 소리쳐요.

이 이야기는 돈으로만 세상을 바라보는 어른들에 대한 안타까움이 담겨 있어요. 여러분들은 어때요? 아름다운 집과 비싼 집, 둘 중 뭐가 좋아 보이나요?

立 身 揚 名
설 몸 날릴 이름

입 신 양 명

출세하여 자기의 이름을 세상에 드날림.

출세를 위해 성직자를 꿈꾼 쥘리앵 소렐

프랑스의 작은 도시 베리에르는 두 가지 놀라운 모습을 지니고 있는 걸로 유명했어요. 먼저 첫 번째 모습은 깊고 맑은 계곡에 위치한 베리에르의 자연 풍경이었죠. 그래서 베리에르에 처음 들른 나그네들은 모두 도시의 아름다움에 흠뻑 빠졌어요. 하지만 나그네들은 곧 베리에르의 두 번째 모습을 보고 깜짝 놀랐어요. 바로 자연 풍경까지 돈으로 바꾸려 하는 베리에르 사람들의 속물적인 모습 때문이었죠.

그중 가장 대표적인 인물이 바로 이 도시의 시장 레날 씨였어요. 그는 세상의 모든 일을 '돈이 되냐, 안 되냐?'로 판단하는 인물이었어요. 그래서 자신의 세 아들도 돈이 되게 만들기 위해 첫째는 군인, 둘째는 법관, 막내는 성직자로 만들 생각이었어요. 레날 씨가 돈을 마음껏 쓸 때라고는 다른 사람들에게 우쭐거리고 싶을 때였어요.

그런 레날 씨에게 가정교사를 둔다는 건 자식들을 돈이 되게 가르치고, 남들에게 우쭐거릴 수도 있는 최고의 선택이었죠. 그래서 아내에게 그 사실을 일방적으로 이야기했어요.

"우리 세 아이들을 가르칠 가정교사를 둡시다. 이 도시에 가정교사가 있는 사람은 아직 없으니, 우리 지위를 나타내기에도 좋을 거요."

레날 씨는 자신의 집 가정교사로 점찍어 놓은 사람이 이미 있었어요. 바로 목재소 소렐 영감의 셋째아들 쥘리앵 소렐이었죠. 그는 지금껏 마을의 신부님에게서 공부를 배워서 남을 가르칠 만한 수준이 되었죠.

하지만 그 이야기를 처음 들은 쥘리앵은 일할지 말지 고민하기 시작했어요. 아버지와 헤어지는 게 싫어서는 아니었어요. 아니, 사실 쥘리앵은 자기를 늘 구박하는 아버지에게서 하루라도 빨리 벗어나고 싶었어요.

쥘리앵이 걱정하는 건 레날 씨의 집에서 하인 취급을 당할까 봐 하는 거였어요.

'만약 하인들과 같이 밥을 먹으면 어쩌지? 그건 참을 수 없어. 난 절대 그런 취급을 받을 사람이 아니야.'

남들이 보기에 쥘리앵은 늘 책만 읽는 조용한 청년이었어요. 하지만 가슴속은 출

세에 대한 열망으로 가득 차 있는 야심가였죠. 그가 마을 신부님을 찾아가 공부를 배운 것도 입신양명의 꿈이 있었기 때문이에요. 그때 당시 프랑스에서 아무것도 가진 것 없는 남자가 성공할 수 있는 유일한 방법은 성직자가 되는 거였거든요. 쥘리앵이 아버지에게서 도망치려고 하는 마음이 들 때마다 참은 이유도 바로 그 꿈을 놓치고 싶지 않기 때문이었어요.

다음 날, 쥘리앵이 올 생각을 하지 않자 애가 탄 레날 씨는 또다시 그를 찾아갔어요. 쥘리앵은 자신이 절대 하인 취급을 받지 않는 데다 월급까지 두둑히 받을 수 있다는 사실을 알자 미련 없이 레날 씨의 집으로 향했죠. 그러면서 쥘리앵은 생각했어요.

'이제 시작이다. 하루빨리 출세해서 이 지겨운 도시를 떠나자!'

고전 속 지혜 배우기

신을 모시는 성직자가 되는 것이 출세해 이름을 날리는 입신양명(立身揚名)의 수단이라니! 쥘리앵의 생각이 아무래도 잘못된 것 같아요. 아무리 출세가 좋다고 해도 자신의 마음을 속이면 결국 불행해지는데 말이죠.

고전 깊이 읽기

행복해지기 위해 노력한 작가, 스탕달

인간이 세상에 존재하는 것은 부자가 되기 위해서가 아니라 행복해지기 위해서다.

이 말은 〈적과 흑〉의 작가인 스탕달이 한 말이에요. 이 말대로 스탕달은 평생을 행복하게 살기 위해 노력했어요.

스탕달이 일곱 살 때 세상을 떠난 스탕달의 어머니는 아름답고 감수성이 뛰어난 분이었어요. 스탕달은 평생 어머니를 그리워하며 지냈죠. 하지만 그와 반대로 돈만 좋아하던 아버지는 미워했어요.

잠시 나폴레옹의 군대에서 지낸 적도 있던 스탕달이었지만, 그의 관심은 곧 문학으로 옮겨 갔죠. 그 후로 스탕달은 평생 행복과 사랑이 자신에게 찾아오길 바라며 글을 썼어요. 하지만 그는 한 번도 진정한 행복을 찾은 적 없이 호텔방에서 쓸쓸히 세상을 떠났죠.

그래도 그가 바라던 일 하나는 이뤄졌어요. 스탕달은 자신이 세상을 떠나고 나서야 존경받을 거라는 생각으로 힘든 삶을 견뎠거든요. 그의 바람대로 현재 그는 프랑스에서 존경받는 위대한 작가로 영원히 이름을 남겼어요.

재미있는 이야기 하나. 스탕달이 이탈리아의 피렌체에 갔을 때, 아름다운 미술작품을 감상하다 무릎에 힘이 빠지고 심장이 빠르게 뛰는 경험을 했다고 해요. 그 후로 사람들이 뛰어난 예술작품을 감상하다 심장이 뛰고 어지러움, 환각을 느끼는 증상을 '스탕달 증후군'이라고 부른다고 해요. 아마 스탕달의 소설을 읽고 스탕달 증후군을 느끼는 사람도 있겠죠?

自 家 撞 着
스스로 집 칠 붙을

자 가 당 착

같은 사람이 하는 말과 행동이 앞뒤가 달라 모순됨.

착한 사람을 해치고 고민에 빠진 라스콜니코프

대학교 3학년생 라스콜니코프는 홀로 모스크바 거리를 터벅터벅 걷고 있었어요. 넋이라도 나간 듯 멍한 눈에, 넝마와 같은 옷을 입은 그의 모습은 누가 봐도 정상이 아니었죠. 하지만 그의 정신만큼은 그 어느 때보다 맑았어요.

'그래, 내가 하고자 하는 일은 절대 나쁜 일이 아니야. 나는 옳은 일을 하려고 하는 거야.'

그는 자신의 외투 안을 만져 보았어요. 차가운 도끼의 감촉이 느껴졌죠. 그 순간 라스콜니코프는 자신이 무슨 짓을 하려는지 다시 한 번 깨달았어요. 그는 지금 사람을 해치려 하고 있었어요!

라스콜니코프는 원래 똑똑하고 미래에 대한 희망으로 가득 찬 학생이었어요. 하지만 아버지가 돌아가신 후, 모든 것이 변하고 말았죠. 그의 집안은 점점 가난해져서 어머니는 라스콜니코프의 대학교 등록금을 내는 것도 힘들어했어요.

라스콜니코프 역시 하숙집 월세도 제대로 못 내고, 밥 한 끼 제대로 챙겨 먹지 못하는 가난한 생활을 이어 갔어요. 그러면서 그의 마음은 점점 분노로 가득 찼어요.

그의 분노는 곧 동네 가난한 사람들에게 높은 이자로 돈을 빌려주고 자신의 이득을 챙기는 못된 노파에게 향했죠.

'저 못된 노파가 부자라니, 세상은 정말 잘못되었어.'

라스콜니코프의 생각은 점점 더 극단적인 방향으로 흘러갔어요. 그는 그 못된 노파를 없애고 돈을 빼앗기로 마음먹었어요. 물론 그 역시 그런 생각이 끔찍하다는 걸 알고 있었죠. 하지만 그는 계속 자기 자신을 다잡았어요.

'이건 나쁜 짓이 아니야. 저 노파는 숨 쉴 값어치도 없어. 저 노파를 없애는 건 곧 사회 정의를 실현하는 길이라고. 저 노파의 돈을 내가 가진다면, 나는 새롭게 태어날 수 있어. 공부를 마치고 더 많은 사람들을 위해 살 수도 있다고.'

결국 그의 머릿속에는 '못된 사람을 없애는 건 정의'라는 비뚤어진 생각이 자리 잡았어요. 그리고 오늘, 그 정의를 실행하기 위해서 노파의 집으로 향하던 것이었죠.

노파의 집에 도착한 라스콜니코프는 품에 숨겨 두었던 도끼를 꺼냈어요. 그리고 그 못된 노파를 없애고 말았죠. 하지만 그의 계획에 허점이 하나 생겼어요.

"언니, 안에 있어?"

노파의 착한 여동생인 리자베타가 들어온 거예요. 라스콜니코프는 엉겁결에 그 동생마저 없애고 말죠. 그리고 그 순간 그는 자가당착에 빠져들었어요.

'나는 못된 사람을 없애는 건 정의라고 했는데, 지금 내가 없앤 리자베타는 누구보다 착한 여인이야. 그럼 나는 대체 무슨 짓을 한 거지?'

충격을 받은 라스콜니코프는 얼른 그 집에서 나왔어요. 하지만 그가 지은 '죄'는 그에게 '벌'을 주기 위해 계속해서 그의 뒤를 따라다녔어요.

고전 속 지혜 배우기

라스콜니코프는 너무 힘든 나머지 잘못된 생각을 하고 말았어요. 그 결과 생각과 행동이 다른 자가당착(自家撞着)에 빠져 끊임없는 괴로움에 빠져들죠. 그러니 우리는 자신의 생각이 정말 옳은 것인지 늘 따져 보는 습관을 길러야 해요.

고전 깊이 읽기

도스토옙스키와 그의 동반자, 안나

러시아의 작가 표도르 도스토옙스키는 아마 20세기 지식인에게 가장 큰 영향을 끼친 작가일 거예요. 특히 도스토옙스키는 글을 정말 빨리 쓰는 것으로도 유명했는데요. 그럴 수밖에 없는 슬픈 이유가 있었어요.

도스토옙스키는 형 미하일과 야심차게 시작한 출판사일에 실패하며 빚을 지게 되었어요. 그때 엎친 데 덮친 격으로 형 미하일이 세상을 떠나고 말았죠. 그래서 도스토옙스키는 형 미하일의 빚뿐만 아니라 형수와 조카의 생활비까지 모두 부담하게 되었고, 본인 역시 도박과 사치로 많은 빚을 지게 되었죠. 도스토옙스키는 빨리 글을 써서 빚을 갚을 수밖에 없었죠.

어느 날, 도스토옙스키는 악덕 출판업자와의 계약으로, 한 달 안에 책을 써 주지 않으면 자신의 모든 책의 권리를 빼앗길 위기에 처했어요. 하지만 도스토옙스키가 아무리 빨리 글을 쓴다 할지라도, 한 달 안에는 불가능했죠. 왜냐하면 자신의 생각을 펜으로 옮기는 데에만 한 달이 훨씬 넘게 걸렸거든요.

그때 도스토옙스키의 사정을 안 어느 친구가 여성 속기사 안나를 소개시켜 줬어요. 그래서 도스토옙스키가 말로 이야기를 풀어 내면, 속기사 안나는 그 내용을 빠르게 글로 옮겼죠. 그렇게 해서 20여 일 만에 도스토옙스키는 〈도박꾼〉이라는 작품을 썼어요. 그 일로 도스토옙스키와 안나는 가까워져서 결혼까지 했어요. 나중에 도스토옙스키가 눈이 안 좋아져서 글을 쓰지 못하게 되었을 때에도 도스토옙스키는 말로 자신의 작품 내용을 설명했고, 안나는 그것을 글로 옮겨 썼죠. 그렇게 탄생한 작품이 도스토옙스키의 마지막 작품이자 가장 위대한 작품으로 손꼽히는 〈카라마조프 형제들〉이에요.

自 力 更 生
스스로 힘 다시 날

자 력 갱 생

오로지 제 힘만으로 생활을 해 나감.

스스로 집을 뛰쳐나간 여인, 노라

"난 나가겠어요!"

노라의 단호한 말에 그녀의 남편 헬메르는 어안이 벙벙해졌어요.

크리스마스가 막 지난 12월 26일, 모두가 행복한 연말을 기다리는 날, 노라는 자신의 남편에게 집을 나가겠다고 이야기하고 있었어요. 대체 무슨 일 때문인 걸까요?

상냥하고 아름다운 여인인 노라는 자신의 아버지에게서, 그리고 결혼한 지 8년이 된 남편 헬메르에게서 '종달새'라고 불리며 한껏 귀여움을 받으며 지내고 있었어요. 하지만 노라에게는 누구에게도 말하지 못하는 마음속의 비밀이 하나 있었죠. 그건 바로 8년 전, 아버지의 서명을 위조해서 악덕 변호사에게 돈을 빌린 적이 있었다는 거예요.

하지만 노라가 돈을 빌린 이유는 자기를 위해서가 아니었어요. 신혼 초, 헬메르가 큰 병에 걸렸을 때 노라는 돈을 구할 길이 없었어요. 그때 마침 노라의 아버지도 목숨이 위독한 상태였거든요. 그래서 돈을 빌리기 위해 아버지의 서명을 위조한 거였죠.

그 사실을 눈치챈 악덕 변호사는 노라를 협박했어요.

"부인, 서명 위조는 감옥에 갈 수도 있는 큰 죄입니다. 게다가 훌륭한 은행가인 남편분의 명예에도 먹칠을 하겠죠. 만약 이 사실을 덮고 싶으시다면 제 부탁 하나만 들어주시죠."

악덕 변호사의 부탁은 헬메르의 은행에 자신을 취직시켜 달라는 것이었어요. 하지만 정직을 최우선으로 생각하는 헬메르는 변호사를 취직시켜 주지 않

을 생각이었어요.

노라는 어쩔 줄 몰라 하다, 결국 크리스마스에 자신의 잘못을 고백해요. 노라는 그러기만 한다면 남편이 자신을 용서해 줄 거라고 믿었죠. 하지만 노라의 생각은 빗나갔어요.

"당신이 뭘 안다고 그런 짓을 했단 말이야!"

헬메르는 노라가 자신의 생명을 구하기 위해서 그랬다는 건 신경 쓰지도 않고 노라를 탓하죠. 늘 '당신이 위기에 빠지면 내가 목숨을 걸고 지켜 줄게.'라고 말해 왔던 사랑하는 남편이 말이에요.

그런데 그 순간, 크리스마스의 기적처럼 악덕 변호사는 마음을 고쳐먹고 떠나요. 모든 사건이 행복하게 끝나자 헬메르는 다시 노라를 '종달새'라고 부르며 즐거워하죠.

하지만 노라는 이미 깨달았어요. 남편이 자신을 예쁜 인형으로 생각하기만 할 뿐, 부인으로 여기지 않았다는 사실을요.

"이 집은 날 인형으로 가둬 놓는 인형의 집이에요. 난 이제 변하겠어요."

스스로 자력갱생하는 당당한 여인으로 살기로 마음먹은 노라는 마지막 말을 남기고 집을 나섰어요. 날씨는 추웠지만 노라의 가슴은 어느 때보다 따뜻했어요.

고전 속 지혜 배우기

진정한 부부라면 서로를 믿어 줘야 하는데 헬메르는 그걸 못했네요. 처음으로 인형에서 벗어나 자력갱생(自力更生)의 정신으로 홀로 살아가려 하는 노라의 앞날에 축복이 비쳤으면 좋겠네요.

인형의 집은 나쁜 작품?

"여자가 뭘 하겠어?"

지금은 이해할 수 없는 말이지만, 19세기 유럽에서는 이 말이 당연하게 받아들여졌다고 해요. 당시 유럽에서는 남자들은 밖에 나가 일해서 돈을 벌고, 여자들은 가정을 지키는 게 당연한 일이었죠. 남자들은 여자들이 돈을 벌지 않는다고 무시하기 시작했어요. 그러면서 "여자가 뭘 하겠어?"라는 말을 한 것이죠. 가정을 가꾸는 여자의 역할을 무시한 잘못된 말이었죠. 그런데 정말 큰 문제는 따로 있었어요. 저 말을 계속 듣다 보니 여자들 스스로도 '나는 아무것도 할 수 없어.'라고 믿었다는 거예요.

작가 헨리크 입센은 그런 사회 분위기를 이해할 수 없었어요. 여자나 남자나 똑같은 인간인데, 성별에 따라 그런 차별을 받을 이유가 없다고 믿었던 거죠. 그래서 입센은 여자들이 당당히 자력갱생하길 바라며 〈인형의 집〉이라는 희곡을 썼어요.

〈인형의 집〉이 무대에 오르자 유럽사회는 엄청난 충격에 휩싸였어요. 많은 여성들은 자신 역시 노라와 같은 '인형'이라는 사실을 깨달았죠. 그녀들은 진정한 자신을 생각하게 해 준 입센에게 찬사를 보냈어요. 실제로 노라처럼 집을 나간 여성들도 많았다고 해요. 하지만 또 한편으로는 노라가 무책임하게 가정을 내팽개쳤다며 비판하는 사람들도 많았어요. 〈인형의 집〉을 무대에 올리지 못하도록 금지하는 국가들도 생겨났죠.

집을 나서는 노라의 행동에 대해서는 지금까지 찬반논쟁이 치열해요. 하지만 〈인형의 집〉 때문에 여성의 권리를 주장하는 사람들이 생겨났다는 건 분명해요.

自 業 自 得

스스로 업 스스로 얻을

자 업 자 득

자기가 저지른 일의 잘못을 자기가 받음.

일본왕의 항복을 받아 낸 사명대사

일본이 임진왜란을 일으켰다가 자기 나라로 쫓겨 간 지 몇 년이 지났을 때의 일이에요. 임진왜란 후에도 일본왕은 계속해서 조선을 침략하려고 했죠. 그런 일본왕의 검은 마음을 알게 된 조선왕은 '살아 있는 부처'라고 불릴 정도로 도력이 높은 사명대사를 궁궐로 초대했어요.

"일본이 또다시 우리나라를 침략할 마음을 품고 있으니, 부디 신통력이 뛰어난 그대가 가서 일본의 항복을 받아 와 주시오."

"저 역시 조선에 사는 한 사람으로서 어찌 마다하겠습니까?"

곧바로 사명대사는 조선의 사신 자격으로 일본으로 향했어요.

한편, 일본왕과 신하들은 사명대사가 온다는 소식에 발을 동동 굴렀어요.

"그 사명대사란 중이 신통력이 높다는데 어찌하면 좋겠소?"

일본왕의 말에 한 신하가 못된 꾀를 냈어요.

"그 중이 우리 궁궐로 올 때 벽에다 1만 1,000줄짜리 글을 써 놓고, 그걸 못 외우면 가짜 부처니 죽인다고 하면 어떨깝쇼?"

일본왕은 당장 그대로 하라고 했어요. 그리고 사명대사가 도착하자 으름장을 놓았죠.

"혹시 오는 길에 벽에 적힌 글귀를 보았소?"

"당연히 보았다."

그러더니 사명대사는 그 글귀를 모두 한 번에 줄줄 외워 보였어요.

깜짝 놀란 일본왕은 또 신하들을 불러 어찌할지 물었어요.

"뱃놀이를 가자고 해서, 쇠로 만든 배에 태우면 분명 빠져 죽을 것입니다."

그 말에 일본왕은 쇠배를 만들라고 명령했어요. 그런데 사명대사는 쇠배를 타고 가라앉기는커녕 신나게 뱃놀이를 즐겼죠.

"쇠로 된 방에 가둬 놓고 불을 때면 분명 뜨거워 죽을 것입니다."

그날 저녁, 일본왕은 사명대사를 쇠방에 가둬 놓고 불을 땠죠. 그 사실을 안 사명대사는 '얼음 빙(氷)'자를 벽에 써 놓고 불경을 외우기 시작했어요.

한참 불을 때던 일본왕은 '이 정도면 됐겠지.' 싶어 문을 열게 했어요. 그런데 이럴 수가! 온 방에 서리가 끼고 사명대사의 수염에는 고드름이 달린 게 아니겠어요?

"일본은 남쪽나라라서 따뜻하다던데, 왜 이리 추운 게요?"

그러더니 사명대사는 일본왕이 만들어 놓은 뜨거운 쇠말 위에 올라타고는 하늘로 올라가 불경을 외웠어요. 그러자 갑자기 하늘에 구멍이 뚫린 듯 비가 쏟아져서 일본이 전부 물에 잠겨 버리는 게 아니겠어요?

일본왕과 신하들이 물에서 허우적거리고 있는데, 사명대사가 하늘에서 소

리쳤죠.

"일본왕이여, 자신의 잘못은 깨닫지 못하고 간사한 술수로 나를 몇 번이나 죽이려 하다니. 비가 계속 내려 일본은 바다에 잠길 터이니, 모두 자업자득인 줄 알거라."

그 말에 죽기 싫은 일본왕은 결국 조선에 항복하기로 했어요. 드디어 일본이 조선의 발 앞에 무릎을 꿇은 것이죠.

고전 속 지혜 배우기

임진왜란 때 우리나라를 괴롭히더니만 또 침략하려고 하다 항복을 하다니! 정말 자업자득(自業自得)이네요. 〈임진록〉은 비록 소설이지만 임진왜란이 끝나고 괴로워하던 백성들의 속을 시원하게 해 주었다고 해요. 이게 소설의 힘이겠죠?

고전 깊이 읽기

나라를 위해 칼을 든 스님, 사명대사

〈임진록〉의 마지막 장면에서 조선에 항복하는 일본왕의 모습을 본 당시 백성들은 얼마나 통쾌했을까요? 그때 일본왕이 항복하는 데 결정적인 역할을 한 인물이 바로 사명대사예요. 이야기 속에서는 온갖 도술을 쓰는 걸로 나오지만, 실제 사명대사에게 그런 신통력은 없었답니다. 하지만 나라를 사랑하는 마음은 누구보다 강했어요.

사명대사는 어릴 적 부모를 여읜 후, 홀로 절에 들어가 승려가 되었답니다. 사명대사는 서산대사를 스승으로 모시고 불교의 깊은 뜻을 공부하는 데 평생을 바치리라 마음먹었죠. 하지만 그의 결심을 흔드는 일이 벌어졌답니다. 바로 임진왜란이었죠.

왜군들이 쳐들어와 죄 없는 백성들의 목숨을 빼앗는 걸 본 사명대사는 참을 수 없었어요. 생명을 해치지 않기로 부처님께 맹세한 승려의 몸이었지만, 나라를 지키겠다는 일념으로 칼을 들 수밖에 없었죠. 사명대사는 자신을 따르는 승려들을 모아 왜적들을 물리쳤어요. 당시 왜적들 사이에서 조선 군대보다 더 무서운 게 사명대사의 승군(승려들의 군대)이었다는 걸 보면 사명대사의 업적을 잘 알 수 있죠.

특히 사명대사는 일본과 강화조약(현재의 휴전협정)을 맺기 위해 왕의 문서를 들고 일본으로 간 일로 유명해요. 그때 일본에 간다는 건 죽으러 가는 것과 마찬가지였죠. 하지만 사명대사는 당당히 일본의 군주인 도쿠가와 이에야스와 만나 강화를 맺었을 뿐만 아니라, 일본에 끌려간 조선인 포로 3,500여 명까지 데리고 돌아왔어요. 그때 백성들이 그에게 느낀 존경심이 〈임진록〉에서 도술을 쓰는 사명대사의 모습으로 남아 지금껏 전해지고 있는 거예요.

戰 戰 兢 兢
싸움 싸움 떨릴 떨릴

전 전 긍 긍

몹시 두려워 벌벌 떨며 조심함.

장관의 머리에 재채기를 하고 죽은 관리

어느 아름다운 저녁, 러시아 관청의 관리 이반은 극장을 찾았어요. 그의 몇 안되는 취미생활인 오페라를 감상하기 위해서였죠. 그는 멋들어지게 차려입고 극장에 앉아 오페라를 보는 걸 세상 누구보다 좋아했어요.

자리에 앉은 이반은 금세 오페라의 세계에 빠져들었죠. 그런데 매우 몰입했던 나머지, 갑자기 재채기를 하고 말았어요. 그것도 손수건으로 가리지도 못하고 말이죠!

이반은 당황해서 자기 앞자리를 보았어요. 특등석에 앉은 한 노인이 투덜거리며 침이 튄 자신의 대머리를 장갑으로 닦고 있는 게 보였죠. 그런데 그는 다름 아닌 이반이 다니는 관청의 최고 상사인 장관님이었어요!

'이거 큰 실례를 저질렀군. 얼른 사과해야겠어.'

이반은 얼른 고개를 숙여 장관의 귀에 대고 사과를 했어요.

"죄송합니다, 장관님. 제가 재채기를 하는 바람에…… 전 이럴 줄 모르고 그만……."

"알았으니 사과는 그만하시오. 오페라가 들리지 않잖소!"

장관은 퉁명스럽게 쏘아붙이고 다시 오페라를 감상하기 시작했어요. 하지만 그 순간부터 이반의 눈과 귀에는 아무것도 보이거나 들리지 않았죠. 장관님이 화가 났다는 사실이 이반을 겁먹게 만든 거예요.

'그래, 중간 휴식 시간에 가서 정중하게 사과를 하자. 그럼 될 거야.'

이반은 중간 휴식 시간에 장관을 찾아가 더듬거리며 겨우 사과를 했죠.

"죄, 죄송합니다, 장관님. 제 재채기 때문에…… 전 사실…… 정말 모르고……."

"이미 잊었는데 그 이야긴 왜 또 꺼내는 거요!"

장관은 귀찮다는 듯 돌아섰어요. 하지만 이반은 더욱 겁을 먹었어요.

'잊었다고 말씀하시지만 눈은 화가 나 있으시잖아. 어쩌면 내가 일부러 침을 뱉었다고 생각하시는 거 아냐? 아닌데…… 절대 아닌데!'

오페라가 끝난 후, 이반은 집으로 돌아와 밤새 전전긍긍하며 보냈어요. 그리고 해가 뜨자마자 얼른 장관의 집무실로 향했죠. 이발까지 하고 말이죠.

하지만 장관은 지난 일을 가지고 계속 찾아오는 이반이 귀찮았어요. 그래서 얼른 내보냈죠. 그러자 이반도 이제는 화가 나기 시작했어요.

'그래, 이제 다시는 장관님을 찾아가지 않겠어. 그냥 사과 편지를 써서 보낼 거야. 그리고 맹세코 장관 집무실에는 다시 찾아가지 않겠어!'

하지만 이반은 결국 편지를 쓰지 못했어요. 막상 펜을 드니 머릿속이 하얘져서 편지에 쓸 사과의 말이 생각나지 않은 거죠.

결국 다음 날, 이반은 다시 장관을 찾아갔죠.

"장관님, 정말 사과드리고 싶습니다. 제가 재채기를 한 건, 그냥 실수……."

하지만 화가 머리끝까지 치솟은 장관은 이반에게 소리를 쳤어요.

"당장 나가! 나가라고!"

그 순간, 이반의 머릿속에서 무언가 끊어지는 게 느껴졌어요. 그는 터벅터벅 걸어 자신의 집으로 돌아갔죠. 그러고는 소파에 누워서, 숨을 거두고 말았어요!

고전 속 지혜 배우기

아무리 소설 속 인물이라지만, 소심함 때문에 죽기까지 하다니! 이반이 정말 불쌍하네요. 하지만 생각해 보면 걱정이 만병의 근원이라고 하잖아요. 여러분들도 실수를 저질렀으면 전전긍긍(戰戰兢兢)하지만 말고, 얼른 털어 내세요.

고전 깊이 읽기

거대한 코 때문에 평생을 전전긍긍한 시라노

"내 칼을 받아라!"

"하하하, 그 정도 실력으로는 아무리 덤벼 봐야 헛수고야."

17세기 프랑스, 한 공터에서 두 검투사의 결투가 벌어지고 있었어요. 누가 봐도 승패는 명확했죠. 한 검투사는 땀을 뻘뻘 흘리면서 칼을 휘두르고 있지만, 또 다른 검투사는 미소를 지으며 그 공격을 모두 막아 내고 있었으니까요.

결국 여유로운 검투사가 칼을 한 번 휘두르자 승부는 끝나고 말았어요. 쓰러진 검투사를 내버려두고 길을 떠나는 검투사의 이름은 바로 시라노였어요.

시라노는 프랑스 최고의 검투사이자 시인이었어요. 자존심도 강해서 다른 사람들과 싸움을 벌이기 일쑤였죠. 대부분의 경우는 시라노의 실력을 알고 도망쳤고, 가끔 싸움을 벌이는 이들도 무릎을 꿇을 수밖에 없었지만요.

하지만 그런 시라노에게도 약점이 하나 있었어요. 그건 바로 코가 무지무지 크다는 거였어요. 그 코 때문에 시라노는 자신이 사랑하는 여인인 록산느에게 고백도 제대로 하지 못했죠.

'저렇게 아름다운 여인이 이런 추한 모습인 나를 사랑해 줄 리 없어.'

그렇게 생각한 시라노는 평생 전전긍긍하며 록산느의 주변을 맴돌기만 해요. 심지어는 록산느의 연애 상대인 크리스티앙을 대신해 연애편지를 써 주며 자신의 마음을 몰래 표현하기까지 하죠.

결국 숨을 거둘 때가 되어서야 시라노는 그동안 록산느를 사랑했음을 고백하죠. 록산느 역시 그제야 모든 사실을 알아채고 시라노의 죽음을 슬퍼하죠.

아, 시라노가 그 큰 코만큼이나 용기가 있었다면 좋았을 텐데!

左 衝 右 突

왼쪽 찌를 오른쪽 갑자기

좌충우돌

이리저리 사방으로 뛰어다니며 여러 일에 맞부닥침.

뮌히하우젠 남작의 놀라운 모험

안녕하십니까, 여러분? 저는 뮌히하우젠 남작이라고 합니다. 저는 사실 여러분들 앞에서 이야기를 할 정도로 대단한 사람은 아닙니다. 그럼에도 제가 이렇게 여러분들을 모은 까닭은 억울해서입니다.

요즘 들어 세상 사람들 사이에서 제가 겪은 모험담이 의심받고 있다는 이야기를 들었습니다. 심지어 누군가는 제 말을 모두 농담으로 생각하더군요. 그건 정말 억울한 일입니다. 전 제 가장 친한 친구들인 걸리버, 신밧드, 알라딘을 걸고 제 말이 진실임을 맹세할 수 있습니다. 영국 런던의 시장님, 그 시장님의 심부름꾼 존도 제 말이 진짜라고 맹세했단 말입니다!

흠흠, 제가 조금 흥분했군요. 이제 여러분들도 제 말이 한 치의 어긋남 없는 진실임을 아셨을 테니 이야기를 시작해 보죠.

저는 턱수염이 나면서부터 온 세상을 좌충우돌하며 많은 모험을 겪었답니다. 그중에 기억에 남는 일이 몇 가지 있습니다.

저는 사냥을 참 좋아한답니다. 어느 날은 숲에서 사냥을 마치고 돌아오는 길에 정말 멋진 숫사슴 한 마리를 만났죠. 그런데 이럴 수가! 남은 총알이 없는 게 아니겠어요?

하지만 포기할 수는 없었죠. 그래서 저는 근처에 있는 버찌를 먹고는 그 씨를 총에 넣었습니다. 그리고 숫사슴의 이마 한가운데를 노려서 방아쇠를 당겼죠. 사슴은 깜짝 놀라 비틀거리며 도망가더군요. 저는 그렇게 사슴을 놓친 줄만 알았답니다.

하지만 2년 후, 다시 그 숲에 갔는데 전에 놓친 숫사슴을 다시 만난 겁니다. 어떻게 그 사슴인 줄 알았냐고요? 사슴의 머리 한가운데 3미터가 넘게 자란 벚나무가 달려 있었거든요. 저는 즉시 총알 한 발로 그 사슴을 쓰러뜨렸답니다. 사슴고기도 맛있었지만, 벚나무에 달려 있던 버찌가 정말 맛있었죠. 그렇게 맛있는 버찌는 다시 먹어 본 적이 없습니다.

제가 전쟁에서 승리한 이야기도 들려

드리죠. 저는 군인으로서 적들과 싸우던 중이었습니다. 그런데 망원경으로 적의 진지를 살펴보니, 적들이 우리에게 거대한 대포를 쏘려고 하는 게 아니겠어요? 저는 그 즉시 더 큰 대포를 준비하게 했죠. 하지만 바로 쏘지는 않았답니다. 적이 우리에게 대포를 쏘는 그 순간! 저도 포격 명령을 내렸죠. 어떻게 되었냐고요?

우리 대포알과 적의 대포알이 맞부딪쳤죠! 우리 대포알이 더 컸기 때문에, 적의 대포알은 바로 되튕겨져 적의 진지를 초토화시켰답니다. 하지만 불행한 일도 있었죠. 대포알이 너무 멀리 날아가 집에서 입을 벌리고 자고 있던 노파의 입속으로 들어가 목구멍에 딱 걸려 버린 것이죠. 이야기를 전해 들으니, 노파는 지금도 뱃속에 대포알을 품고 살아간다고 하더군요.

또 언젠가는 제가 아끼던 은도끼를 잘못 던져, 그 도끼가 달에 박힌 적도 있었죠. 그래서 저는 터키산 콩을 심었죠. 다들 알다시피 터키산 콩은 금방 자라 달까지 올라가잖아요? 그래서 콩줄기를 타고 달로 올라가 도끼를 가져왔죠.

어떻습니까? 이제 제 모험담이 모두 진실이라는 걸 아시겠죠?

고전 속 지혜 배우기

온 세상을 좌충우돌(左衝右突)하며 모험을 한 뮌히하우젠 남작의 이야기, 정말 재미있지 않나요? 솔직히 믿기 힘들긴 하지만요. 아무래도 남작은 모험이 아니라 소설 쓰는 데 재능이 있는 것 같아요.

고전 깊이 읽기

"나는 정말로 아프다고요!"

〈허풍선이 남작의 모험〉의 주인공 뮌히하우젠 남작은 정말 허풍의 천재인 것만 같아요. '벚나무가 달린 사슴'이나 '대포알을 삼킨 노파'처럼 하나도 말이 안 되는 이야기를 마치 진짜인 것처럼 이야기하니 말이죠. 남작의 이런 허풍은 소설 속 이야기이기 때문에 웃을 수 있는 것이죠. 하지만 현실에서 이런 허풍선이 남작을 만난다면 어떨까요?

1951년, 미국의 정신과 의사 리처드 어셔는 '뮌히하우젠 증후군'이라는 병에 대해 발표를 해요. '뮌히하우젠 증후군'이란 실제로는 건강한 사람이 다른 사람들의 관심을 받기 위해 아픈 척을 하는 병을 말해요. 단순한 꾀병이라고 생각할 수도 있겠지만, 뮌히하우젠 증후군과 꾀병은 달라요. 꾀병을 부리는 사람들은 이유가 있어요. 공부가 하기 싫거나, 가기 싫은 곳에 가지 않으려고 할 때 사람들은 꾀병을 부리죠. 하지만 뮌히하우젠 증후군을 앓는 사람들은 관심을 받는 것이 아픈 척을 하는 유일한 이유예요.

이렇게 뮌히하우젠 증후군을 앓는 사람들은 제대로 아픈 척하기 위해 공부를 하기까지 해요. 자신이 연기하는 증상에 대해 정확히 알고 있고, 치료 방법 역시 상세하게 아는 경우가 많죠. 그래서 의사들도 환자를 처음 보면 뮌히하우젠 증후군 환자인지 아닌지 판단하기 힘들다고 해요.

아프다고 허풍을 치는 능력으로 〈허풍선이 남작의 모험〉처럼 재미있는 책을 쓰면 모두에게 좋은 일일 텐데, 참 안타깝네요.

至 誠 感 天
이를 정성 느낄 하늘

지 성 감 천

지극한 정성에 하늘이 감동함.

남편을 장원급제시킨 박씨 부인

조선 인조시절, 이득춘은 이조참판 시절에 금강산 도인인 박 처사를 만났어요. 그리고 그의 인품과 능력에 크게 감동했죠.

'아버지가 이렇게 훌륭하니, 그 딸은 또 얼마나 대단할까? 내 하나뿐인 아들과 꼭 결혼을 시켜야겠다.'

이득춘은 곧 아들 시백을 데리고 박 처사의 딸이 있다는 금강산으로 향했어요. 시백은 갑자기 결혼을 하게 되어서 얼떨떨할 따름이었어요. 하지만 내심 박씨의 얼굴이 어떨지 궁금했죠.

하지만 혼례를 치르고 나서야 처음 본 박씨의 외모는 그야말로 괴물이 따로 없었어요. 돌같이 굳은 곰보 피부에 두 주먹이 다 들어갈 것만 같은 커다란 입, 거기에다 짧은 머리칼에 거대한 덩치까지! 시백은 도저히 박씨와 같은 방에 있을 수 없었어요. 박씨 역시 남편의 마음을 눈치챘어요. 그래서 이득춘에게 가서 부탁했죠.

"집 뒤뜰에 별채를 지어 주십시오."

박씨는 그곳에서 나무를 심으며 홀로 지냈어요. 이득춘이 우의정이 되자, 박씨는 침 하나와 비단 한 필을 들고 자신의 별채인 피화당으로 들어갔어요. 그리고 다음 날, 앞에는 봉황이 새겨져 있고 뒤에는 청학이 수놓인 아름다운 관복을 지어서 이득춘에게 올렸죠.

"이건 마치 하늘나라 선녀가 내려와서 지은 것 같구나!"

시아버지 이득춘이 감탄하자, 박씨는 수줍게 고개만 조아릴 뿐이었어요.

또한 박씨는 시아버지가 청렴해 집이 가난하다는 사실을 알고 하인을 불렀어요.

"여기 300냥이 있으니 내가 일러준 곳으로 가서 이러저러한 말 한 마리를 사오거라."

다섯 냥이면 살 수 있는 말을 300냥이나 주다니! 모두 박씨를 비웃었죠. 하지만 박씨는 3년 동안 말을 잘 먹여 키웠어요.

3년 후가 되자 그 말은 어디에서도 볼 수 없는 명마가 되었어요. 그 명마를 본 중국 사신은 무려 3만 냥을 내고 말을 사 갔죠.

그러던 어느 날, 과거가 열려 시백도 과거 보러 갈 차비를 했죠. 그때 박씨는 하인을 시켜 시백에게 뭔가를 건넸어요. 벼루에 부을 물을 담는 연적이었죠.

"꼭 이 연적을 가지고 과거를 보

세요."

시백은 귀찮아 하면서 연적을 챙겨 갔죠. 하지만 그 연적을 벼루에 담아 먹을 가니, 글이 술술 나오는 게 아니겠어요? 시백은 당당하게 장원급제를 했답니다.

시백은 신이 나 집으로 돌아왔어요. 그런데 자신의 집에 지금껏 한 번도 보지 못한 아름다운 여인이 있는 게 아니겠어요?

"당신은 누구십니까?"

시백이 놀라 묻자, 여인은 미소를 띠며 대답했어요.

"서방님, 저 박씨입니다. 제가 전생에 죄가 많아 그런 외모를 타고났습니다. 하지만 지성감천이라, 이제 하늘의 죄를 벗어나 본래 얼굴을 찾게 되었답니다."

시백은 얼떨떨해 어쩔 줄 모르면서도, 박씨의 아름다운 모습에 얼굴을 붉혔어요.

고전 속 지혜 배우기

부인이 못생겼다고 한 방에 같이 있으려고도 하지 않던 시백. 그러다 부인이 지성감천(至誠感天)하여 아름다워지니까 좋아하다니, 꼴불견이죠? 그렇지만 시백도 아버지 때문에 억지로 한 결혼이었으니 그 마음이 조금은 이해가 되네요.

고전 깊이 읽기

소설에서라도 승리하고 싶어!

박씨는 아름다워진 후, 남편 시백과 함께 행복한 나날을 보내요. 그런데 청나라에서 조선을 넘보며 두 나라 사이에 전쟁이 벌어져요. 시백은 임경업 장군과 함께 군사를 이끌고 나가 청나라 군사들을 물리쳐요. 그러자 청나라왕은 시백을 암살하기 위해 자신의 공주 기룡대를 보내죠. 그때 박씨는 그 사실을 미리 꿰뚫어 보고 기룡대를 물리쳐요. 게다가 10만 명의 군사와 함께 한양으로 쳐들어온 청나라 장수 용골대 역시 도술로 해치우죠. 그 공로를 인정받아 시백은 영의정에 오르고, 박씨 역시 충렬정경부인이라는 칭호를 얻어요.

이 소설은 두 가지 점에서 특이해요. 먼저 하나는 고대소설임에도 여성들이 영웅적 행동을 한다는 거예요. 한양으로 쳐들어온 용골대를 물리쳐 승리에 결정적인 역할을 한 이는 바로 여주인공 박씨죠. 또한 시백을 암살하러 온 인물도 청나라왕의 딸 기룡대예요. 이외에도 여성 등장인물들이 전쟁을 주도하는 경우가 많아요. 그래서 조선시대에 억압받던 여성들은 이 작품을 읽으며 해방감을 맛봤을 거라고 생각해요.

또 하나, 이 작품은 실제로는 조선의 패배로 끝난 병자호란을, 조선의 승리로 뒤바꿔 놓았어요. 역사를 바탕으로 하는 소설 중에, 이처럼 결과를 뒤바꿔 버리는 소설은 흔치 않죠. 그런데 이 작품의 작가는 왜 그랬을까요? 아마 조선의 왕이 청나라왕에게 머리를 조아리며 처절하게 패배한 병자호란에 충격을 받은 민중들의 마음을 달래기 위해서였을 거예요. 〈박씨전〉을 읽고 있노라면 실제로는 진 전쟁이지만 소설에서라도 승리하고 싶어 하는 민중들의 열망이 느껴지는 것만 같아요.

天 佑 神 助

하늘 도울 귀신 도울

천 우 신 조

하늘과 신령이 도움.

사막으로 추락한 비행사

나는 푸른 창공을 날아다닐 때 가장 자유로운 비행사예요.

기관사 프레보와 함께 프랑스에서 출발해 이집트 카이로로 비행하는 중이었어요. 무전기도 작동하지 않고, 달도 보이지 않는 밤이었죠. 단지 믿을 건 나침반뿐이었어요. 하지만 문제 될 건 없었어요. 아니, 그렇게 믿고자 했죠.

도착할 때가 되었지만 아무것도 보이지 않자 나는 점점 초조해졌어요. 그때 무엇인가 눈에 들어왔어요.

"빛이다! 등대야!"

나는 다급히 비행기를 조종해 아래로 내려갔죠. 그게 실수였어요. 그건 나의 환상이 만들어 낸 등대였던 거죠. 다시 조종간을 올리려 했지만 이미 때는 늦은 후였어요.

"쾅!"

엄청난 소리를 내며 나와 프레보는 270킬로미터의 속도로 땅에 부딪쳤어요. 오른쪽 날개는 찢어지고, 조종석 유리창이 깨지는 게 똑똑히 보였죠.

'이제 곧 비행기가 폭발할 거야.'

내가 할 수 있는 건 아무것도 없었어요. 나는 한없이 차분해진 마음으로 마지막을 기다렸죠. 하지만 1초, 또 1초가 지나가는데도 비행기는 폭발하지 않았어요. 나는 프레보에게 소리쳤어요.

"빨리 내려!"

우리는 깨져 버린 창을 통해 도망쳐 나왔어요. 20미터나 달렸을까? 여전히 비행기는 그대로였죠. 그때 나는 내가 모래를 밟고 있다는 걸 알았어요.

'여긴 민가에서 400킬로미터 떨어진 사막이야.'

우리는 위험을 무릅쓰고 비행기에 접근했어요. 물을 구해야 했거든요. 하지만 물탱크는 이미 깨지고 물은 모래 속으로 스며든 지 오래였어요. 얼마 남지 않은 커피와 간식들을 가지고 왔지만, 그걸로는 부족했죠. 프레보는 차라리 사고가 나자마자 죽는 게 나았다고 말할 정도였다니까요.

하지만 나는 포기할 수 없었어요. 다시 하늘로 날기 위해서는, 사랑하는 아내를 만나기 위해서는 이 사막을 벗어나야만 했거든요.

우리는 60킬로미터를 물도 마시지 않고 걸었죠. 낮에는 찌는 듯한 더위와 밤에는 얼 듯한 추위를 느끼며 계속 걸었어요. 하지만 결국에는 굶주림과 추위가 우리를 죽음의 길로 이끌어 갔죠. 그런데 모든 걸 포기하려는 그 순간! 천우신조로 근처를 지나가던 베두인 상인에 의해 우리는 구조되었어요.

그때의 경험이 끔찍했냐고요? 물론이죠. 하지만 사막을 걸으며 생사의 갈림길을 맴돌던 순간, 나는 인간에 대해 깨닫게 되었어요. 그리고 그때의 경험을 토대로 아름다운 글을 쓸 수 있었죠.

나는 〈어린 왕자〉의 작가, 생텍쥐페리랍니다.

고전 속 지혜 배우기

생텍쥐페리는 실제로 사막에 추락했다가 천우신조(天佑神助)로 살아났던 경험을 바탕으로 〈인간의 대지〉와 〈어린 왕자〉라는 훌륭한 작품을 썼어요.

고전 깊이 읽기

<인간의 대지> 속 <어린 왕자>

〈인간의 대지〉에 나오는 대로 생텍쥐페리의 원래 직업은 비행사였어요. 그리고 제2차 세계대전이 터졌을 때는 프랑스를 위해 싸우는 공군장교이기도 했어요. 생텍쥐페리는 비행사로서도 뛰어난 솜씨를 뽐냈는데, 특히 야간비행의 선구자로 이름이 높아요.

〈인간의 대지〉에 나오는 사막으로의 추락도 그가 직접 겪은 일이에요. 살아 돌아갈지 기약도 없는 가운데, 끝없는 사막을 걸으며 생텍쥐페리는 그 어느 때보다 삶과 인간에 대해 깊게 생각하죠. 그리고 그때의 경험을 바탕으로 〈인간의 대지〉와 같은 자전소설을 쓸 수 있었어요.

이때의 사막 경험을 통해 나온 또 한 편의 소설이 있어요. 바로 〈어린 왕자〉죠. 〈어린 왕자〉 역시 사막에 추락한 비행사와 소행성 B612에서 온 어린 왕자가 만나면서 이야기가 시작되잖아요. 그런 걸 보면 〈인간의 대지〉와 〈어린 왕자〉는 공통점이 참 많아요. 특히 여우가 나오는 장면이 그래요.

〈인간의 대지〉에서 주인공 생텍쥐페리는 페넥이라는 사막여우의 발자취를 좇아요. 페넥은 새벽에 일어나서 나무에 달린 달팽이를 먹죠. 그런데 페넥은 아무리 배가 고파도 나무에 달린 달팽이를 모두 먹진 않아요. 그러다가는 달팽이가 사라질 것이고, 그러면 결국 자신까지 사라질 걸 알았으니 말이죠. 그 모습을 본 생텍쥐페리는 깊은 감명을 받아요. 그 페넥이라는 사막여우가 바로 〈어린 왕자〉에서 어린 왕자와 친구가 되는 여우의 모델이에요.

〈어린 왕자〉를 읽은 적이 있다면, 〈인간의 대지〉도 꼭 한 번 읽어 보세요. 아마 색다른 독서 체험이 될 거예요.

七 顚 八 起

일곱 엎드릴 여덟 일어날

칠 전 팔 기

일곱 번 넘어져도 여덟 번 일어난다는 뜻으로,
여러 번 실패해도 포기하지 않음.

나는 꼭 점순이와 결혼하고 말 테야!

세상 사람들, 저는 정말 억울해서 견딜 수가 없어요. 이리 와서 제 말 한 번만 들어 주세요.

제가 점순이네 집에서 일을 한 지가 벌써 3년하고 일곱 달이 지났어요. 그동안 일을 잘 못한 것도 아니에요. 저는 정말 해 뜨면 밭에 나가고 해 지면 들어와 자면서 소처럼 일했어요. 그렇게 열심히 일한 이유는 단 하나! 점순이랑 결혼하기 위해서였어요.

저는 제가 열심히 일만 하고 있으면 장인님께서 다 알아서 해 주실 줄 알았어요.

"그래, 너 일 참 열심히 하는구나. 이제 그만 장가가거라."

그러면서 결혼도 시켜 주고, 그동안 일한 값으로 집도 내주실 줄 알았어요. 그런데 요즘 들어 제가 아무리 이야기를 해도 장인님은 시치미만 딱 떼세요.

"장인님! 인제 저……"

하면서 말을 꺼내면 하시는 말씀이 뭔 줄 아세요?

"이놈아. 키가 커야 결혼을 하지!"

점순이 키가 작긴 엄청 작거든요. 그래서 장인님은 늘 점순이 키가 다 크면 결혼을 시켜 주겠다고 하세요. 하지만 그건 좀 억울해요. 왜냐하면 장모님 키는 점순이 키보다 더 작거든요. 장인님은 그렇게 키 작은 장모님이랑 결혼해서 딸도 셋이나 낳고 잘 살면서, 왜 나한테만 그러는지 모르겠어요.

점순이 키를 크게 해 달라고 성황당에 가서 빈 적도 있어요.

'제발 키만 크게 해 주시면 제가 떡이랑 다 가져다 바치겠습니다.'

하지만 아무리 그래도 점순이 키는 클 생각을 안 해요. 동물은 조금만 지나면 쑥쑥 크는데, 사람은 왜 이렇게 안 크는지 모르겠어요.

동네 친구들은 저보고 바보라고 놀려요.

"바보야, 너 그래서는 평생 장가 못 간다. 그 집에서 머슴살이 하다가 총각

으로 늙어 죽을걸?"

지금 점순이네 집에서 일할 사람이 저밖에 없거든요. 그래서 일을 시키기 위해서라도 결혼을 안 시켜 준다는 거예요. 사실 그 말도 맞아요. 점순이 언니가 재작년에 시집을 갔거든요. 그때 점순이 언니랑 결혼하려는 사람은 10년이나 공짜 머슴일을 했대요. 10년이라니! 어휴, 끔찍해!

그래서 저도 바보가 아니라는 걸 보여주기 위해서 몇 번이고 시도를 해 봤어요. 일을 하다 말고 드러눕고 "결혼시켜 주세요!"라고 소리도 질러 봤어요. 동네 이장님한테 찾아가서 하소연한 적도 있죠. 장인님에게 '결혼시켜 주기 싫으면 새경(머슴살이 하고 받는 대가)을 달라!'고 싸운 적도 있어요. 하지만 다 실패했죠. 사실 제가 장인님을 그렇게까지 싫어하지는 않아서 늘 져 주고 있어요.

하지만 칠전팔기라고 했잖아요? 어떻게든 올 가을에는 꼭 결혼하고 말 거예요!

그러니까 점순아, 빨리 밥 잘 먹고 조금만 더 커! 그래야 결혼을 하지!

고전 속 지혜 배우기

칠전팔기(七顚八起)라고 해서, 여덟 번째 실패부터 포기하려는 건 아니겠죠? 고사성어에는 '백 번 꺾여도 굴하지 않는다'라는 뜻의 백절불굴(百折不屈)도 있거든요.

고전 깊이 읽기

또 다른 칠전팔기의 주인공, 〈동백꽃〉 점순이

〈봄봄〉의 주인공은 과연 점순이와 결혼할 수 있을까요? 칠전팔기의 정신으로 도전한다면 분명 소원을 이룰 수 있을 거예요.

그런데 김유정의 또 다른 소설 〈동백꽃〉에서도 이렇게 칠전팔기의 노력을 하는 인물이 있어요. 바로 〈동백꽃〉의 점순이죠.

(김유정 작가는 여자 주인공 이름을 하나로 통일하고 싶었나 봐요. 〈봄봄〉과 〈동백꽃〉 모두 점순이가 나오는 걸 보면 말이죠. 하지만 둘은 다른 사람이라는 걸 꼭 명심하세요!)

소설 〈동백꽃〉에서 점순이는 옆집에 사는 소년을 좋아해요. 그래서 자기가 아끼는 감자를 쪄서 소년에게 슬그머니 주려고도 해 보죠. 하지만 아무것도 모르는 소년은 점순이가 자기를 무시한다고 생각해서 되레 짜증을 내요. 화가 난 점순이는 소년의 집에 있는 닭을 괴롭히죠. 그때부터 점순이와 소년은 겉으로 보면 철천지원수처럼 볼 때마다 서로 으르렁거려요.

하지만 점순이의 마음을 들여다보면, 그게 모두 소년에게 자신의 마음을 눈치채게 하려는 칠전팔기의 노력이었던 거예요. 서투른 바람에 소년이 오해하긴 했지만 말이죠.

그렇다면 과연 점순이의 칠전팔기 노력은 성공했을까요? 마지막에 가서 동백꽃밭에서 어설프게나마 점순이와 소년의 마음이 통하는 지점이 있답니다. 하지만 점순이 어머니 때문에 금세 끝이 나고 말아요.

〈봄봄〉의 점순이와 〈동백꽃〉의 점순이, 둘 모두 행복해지길 바랄게요.

風 飛 雹 散
바람 날 우박 흩을

풍 비 박 산

바람이 불어 우박이 이리저리 흩어진다는 뜻으로,
엉망으로 깨져 흩어져 버림.

한순간에 노예로 전락한 벤허

예루살렘을 다스릴 새로운 로마총독의 취임식날, 수많은 예루살렘 시민들은 거리로 나와 총독을 기다리고 있었어요. 그때 성문 밖에서 뿔나팔 소리가 들리며 로마군대가 나타났어요. 창을 든 군인들은 걸음도 당당히 예루살렘 안으로 진군했어요. 그리고 그 뒤로 영웅의 표식인 월계수관을 쓴 예루살렘의 신임총독이 말을 타고 들어왔죠.

"총독폐하 만세!"

거리의 시민들은 손에 든 꽃을 뿌리며 새로운 총독을 반겼죠. 예루살렘의 존경받는 젊은 귀족인 벤허도 여동생 티르자와 함께 건물 옥상에서 총독의 취임식을 지켜보고 있었어요. 하지만 벤허의 얼굴에는 그늘이 가득했어요. 총독이 새로 온 이유를 알고 있었기 때문이었죠.

당시 로마제국은 점점 힘을 모아 독립을 꿈꾸는 유대인들 때문에 골머리를 앓고 있었어요. 그래서 유대인들을 탄압해 노예로 만들려는 무서운 계획을 세우죠. 유대인들이 많이 모여 사는 예루살렘에 새 총독을 보낸 이유도 그 때문이었어요.

취임식 전날 밤, 벤허는 자신의 어릴 적 친구이자 총독의 호위 사령관인 메살라를 만나 그 계획을 미리 들었어요. 메살라는 벤허를 유혹했죠.

"예루살렘에서 큰 힘을 지닌 자네만 우리 계획에 동참해 주면 되네. 그럼 평생 호화롭게 살게 해 주겠네."

하지만 벤허는 단호히 그 제안을 거절했어요. 벤허 역시 유대인이었거든요. 자기 민족을 배신하는 일은 할 수 없었던 거죠. 그러자 메살라는 잔뜩 화가 나 돌아갔어요. '앞으로 조심하게나.' 하는 경고만 남긴 채 말이죠.

'이제 총독과 메살라가 유대인을 괴롭힌다면, 대체 어떻게 막아야 하나?'

벤허가 깊은 생각에 빠진 사이, 총독의 행차는 벤허가 있던 건물 바로 아래를 지나가고 있었어요. 벤허의 여동생 티르자는 그 모습을 조금이나마 가까이서 보려고 난간으로 다가갔죠.

그런데 그때! 티르자가 실수로 난간의 기와를 건드리고 말았어요. 기와는 총독의 얼굴에 떨어지고 말았죠!

"악!"

총독은 비명을 지르며 말에서 떨어졌고, 순식간에 취임식은 엉망이 되고 말았어요. 그리고 옥상에 있던 벤허는 반역죄라는 누명을 쓰고 감옥에 갇히게 되었죠. 벤허는 친구 메살라에게 여동생의 행동이 고의가 아니라고 몇 번이고 설명했어요. 메살라 역시 그 사실을 알고 있었어요. 하지만 메살라는 벤허의 말을 듣지 않았어요.

‘이대로 벤허를 반역죄로 잡아넣으면, 나는 반역자를 잡은 공을 세우는 거야. 그리고 다른 유대인들도 모두 반역 세력으로 몰아서 한 번에 풍비박산을 낼 수 있지.’

결국 벤허의 여동생과 어머니, 부인은 모두 지하감옥에 갇혔어요. 그리고 벤허는 배에서 노를 젓는 노예가 되고 말았어요.

고전 속 지혜 배우기

여동생의 단순한 실수였을 뿐인데, 친구 메살라의 배신으로 인해 벤허의 집안이 풍비박산(風飛雹散)이 나고 말았네요. 벤허의 여동생도 ‘오얏나무 밑에서 갓끈을 매지 말라’는 한국 속담을 알았으면 좀 더 조심해서 행동했을 텐데, 안타까워요.

고전 깊이 읽기

"이것이 진정 제가 만든 작품이란 말입니까?"

1880년, 미국 남북전쟁 당시의 장군이자 유명한 작가였던 루 윌리스는 책을 써 내요. 로마역사와 예수의 생애를 다룬 역사소설 〈벤허〉였죠. 그 책이 처음 나올 때만 해도 주변 사람들의 반응은 회의적이었어요. 당시에는 현실적인 이야기를 다루는 소설이 인기가 높았거든요.

하지만 〈벤허〉는 금세 세계 각지에서 폭발적인 인기를 누렸어요. 〈벤허〉를 시작으로 역사소설의 인기가 크게 치솟기 시작해, 많은 작가들은 〈벤허〉를 따라 역사소설을 쓰기 시작했죠. 세계적인 인기를 끈 역사소설 〈쿼바디스〉의 작가 역시 〈벤허〉를 읽고 감동을 받아 작품을 쓰기 시작했다고 하니까요.

〈벤허〉가 진정 위대한 작품이 된 건 영화 덕분이었어요. 지금도 많은 사람들이 〈벤허〉 이야기를 꺼내면 소설보다 영화를 먼저 떠올리니 말이죠.

지금까지 〈벤허〉는 총 세 번 영화로 나왔는데, 그중 가장 유명한 영화가 1959년 두 번째로 만들어진 〈벤허〉예요. 당시로서는 천문학적인 액수인 1,500만 달러라는 제작비를 쓰고(현재 가치로 약 2,000억 원 정도), 영화를 만드는 기간도 10년이나 걸렸죠. 영화에 나온 사람만 10만여 명에, 영화의 하이라이트인 전차 경주 장면을 찍기 위해 무려 1만 5,000명이 4개월 동안 연습을 했죠.

그런 노력이 헛되지 않았는지, 〈벤허〉는 개봉하자마자 전 세계에서 폭발적인 흥행을 하고, 아카데미 시상식에서 11개 부문의 상을 받았어요. 영화의 감독 윌리엄 와일더는 자신이 찍은 영화임에도, 극장에서 처음 봤을 때 큰 감동을 받아 이렇게 외쳤다고 하네요.

"신이여, 이것이 진정 제가 만든 작품이란 말입니까?"

鶴 首 苦 待
학 머리 쓸 가다릴

학 수 고 대

몹시 애타게 기다림.

평생 한 여인을 기다린 남자, 개츠비

1922년 봄, 닉 캐러웨이는 가족들과 헤어져 홀로 뉴욕으로 이사를 왔어요. 답답한 고향을 떠나 활기찬 뉴욕에 살고 싶은 마음 때문이었죠. 그리고 당시 많은 사람들이 하던 증권업에 뛰어들고 싶은 욕심도 있었고요.

하지만 막상 혼자 살게 되자 외로움이 찾아왔죠. 그래서 닉은 뉴욕에 있던 유일한 친척 여동생인 데이지와 그의 남편 톰과 종종 만남을 가졌어요. 하지만 사실 목적은 따로 있었죠. 데이지의 친구인 여자 골프선수 조던이 첫눈에 마음에 들었거든요.

그날도 넷이 함께 모여 저녁식사를 할 때였어요. 갑자기 한 사람의 이름이 튀어나왔죠.

"개츠비."

개츠비는 당시 뉴욕에서 가장 유명한 인물이었어요. 그는 엄청난 부자로, 자신의 대저택에서 매주 엄청나게 화려하고 시끌벅적한 파티를 열었죠. 뉴욕에 산다면 누구나 한 번쯤은 그 파티에 가 봤을 정도였죠. 하지만 놀라운 사실은 그중 개츠비가 누구인지 아는 사람이 아무도 없다는 거예요.

모두들 베일 속에 가려진 개츠비에 대해 궁금해했죠. 그 어마어마한 돈을 대체 어떻게 벌었는지에 대해 말이죠. 전쟁 중 독일 스파이라는 말도 있었고, 사람을 죽였다는 이야기도 있었죠. 닉을 제외한 셋이 개츠비에 대한 이야기를 하는 동안, 닉은 놀라움에 빠졌어요. 왜냐하면 닉이 이사 온 집이 바로 개츠비의 옆집이었거든요.

'개츠비가 그렇게 신비로운 인물이었단 말이야?'

그때부터 닉은 자신의 초라한 집 바로 옆, 어마어마한 대저택에 사는 개츠비에 대해 궁금증을 가졌어요. 그런데 마치 그 마음을 읽은 듯 개츠비는 집사를 시켜 닉에게 파티 초대장을 보냈어요. 닉은 기뻤지만, 그게 얼마나 대단한 건지는 잘 알지 못했죠. 그때까지 개츠비가 파티 초대장을 보낸 건 닉이 유일했거든요. 다른 사람들은 모두 초대장 없이 파티에 참석했던 거예요.

파티에서 만난 개츠비와 닉은 금세 친구가 되었어요. 그리고 가끔 만나 대화를 나눴죠. 하지만 그러면서 닉은 점점 개츠비가 이상하게 느껴졌어요.

'대체 무슨 이야기를 하려는 거지? 뭔가 숨기고 있는 것 같은데…….'

닉이 개츠비의 속마음을 알게 된 건 그로부터 몇 달 후의 일이었어요. 바로 조던을 통해서였죠.

조던이 이야기한 개츠비의 속마음은 놀라운 것이었어요. 그는 닉의 친척인 데이지의 옛 연인이었어요. 그녀와 어쩔 수 없이 헤어진 후, 다시 한 번 그녀를 만나길 바라 왔죠. 지금까지 수많은 파티를 연 것도, 혹시 데이지가 파티

에 오지 않을까 싶어서였죠. 하지만 데이지가 오지 않자, 그녀의 친구인 조던과 친척인 닉에게 접근한 거였죠.

개츠비는 수많은 시간 동안 데이지를 다시 만나길 학수고대해 온 거예요.

고전 속 지혜 배우기

사랑하는 여인 데이지를 다시 만나기 위해 긴 시간을 학수고대(鶴首苦待)한 개츠비. 사랑을 위해 모든 시련을 참는 그의 모습은 대단하기도 하지만, 미련하기도 해요. 〈위대한 개츠비〉라는 제목에서 '위대한'에는 이 두 가지 뜻이 모두 들어 있는 것 같아요.

개츠비와 비슷한 삶을 살았던 작가, 피츠제럴드

〈위대한 개츠비〉에서 개츠비는 자신의 첫사랑인 데이지를 만나기 위해 긴 시간을 기다려요. 그리고 드디어 닉의 도움을 받아 데이지와 다시 만나죠. 하지만 데이지와 만나기만 하면 모든 것이 예전처럼 돌아갈 거라는 개츠비의 생각과는 달리, 이미 다른 남자의 부인이 된 데이지는 개츠비를 예전만큼 사랑하지 않아요.

그럼에도 개츠비는 자신의 사랑을 포기할 수 없어 계속해서 데이지와 만나려 하죠. 그러다 비극적인 최후를 맞이해요.

〈위대한 개츠비〉가 처음 나왔을 때만 해도, 처음에 인쇄한 책을 채 다 팔지도 못할 정도로 인기가 없었다고 해요. 하지만 시간이 흐르며 책의 진가를 알아본 사람들이 늘어나면서 〈위대한 개츠비〉는 지금까지 1년에 30만 부씩 팔려나가는 '20세기 미국의 고전'으로 불려요. '고전'이란 말은 오랫동안 많은 사람에게 널리 읽히고 높이 평가된 작품을 뜻하는데, 〈위대한 개츠비〉는 채 100년이 지나기도 전에 고전이라는 평가를 받게 된 것이죠.

놀라운 사실은 〈위대한 개츠비〉의 개츠비와 작가 스콧 피츠제럴드 사이에 공통점이 참 많다는 거예요. 성공을 바라는 조급함, 한 여인에게 열정을 바치는 순애보적인 개츠비의 모습은 피츠제럴드와 똑같았죠. 물론 개츠비가 작가의 분신과도 같은 존재니 성격은 닮을 수 있겠죠. 하지만 놀라운 건 소설을 쓴 이후 피츠제럴드의 삶과 죽음마저 소설과 비슷하게 흘러갔다는 거예요. 그래서 많은 사람들은 개츠비와 피츠제럴드를 같은 인물이라고 생각하기도 해요.

虛 張 聲 勢
빌 베풀 소리 형세

허장성세

실속은 없으면서 허세만 떠벌림.

고양이의 눈으로 본 한심한 인간들

나는 고양이에요. 아직 이름은 없어요. 어떤 인간도 나에게 이름을 지어 주지 않았거든요. 하지만 이름이 없다고 해서 불편한 점은 없어요. 사실 인간들한테나 우리 이름이 필요하지, 고양이들은 서로 얼굴만 봐도 누가 누군지 다 알아보거든요.

내가 사는 곳은 어떤 선생의 집이에요. 이 선생이란 인간은 늘 학교에 다녀만 오면 서재에 콕 틀어박혀 지내죠. 그래서 다른 사람들은 모두 선생이 공부를 되게 열심히 하는 줄 알아요. 하지만 내가 몰래 서재에 들어가 보면, 선생은 늘 자고 있죠. 어떤 때는 책에 엎드려 침을 질질 흘리면서 잘 때도 있어요.

하긴, 밥을 그렇게 많이 먹으니 잠이 올 수밖에요. 식사 때마다 목구멍 끝까지 찰 정도로 밥을 먹어요. 그러고는 위가 안 좋다며 위장약을 먹죠. 그리고 서재에서 책을 몇 장 보다 쓰러져 자죠. 그게 선생의 매일 저녁 일과예요.

그 모습을 보고 있노라면 선생이란 직업이 참 하기 편하다는 생각이 들어요. 잠만 자면서도 돈을 버는 거잖아요? 정말 나 같은 고양이라도 할 수 있을 것만 같아요. 그런데도 선생은 친구들이 올 때마다 선생일이 힘들다며 투덜거린다니까요.

그런 선생의 모습을 보면 인간은 늘 자기 생각만 하는 이기적인 존재 같아요. 가끔 밖에서 만나는 군인집의 흰둥이나, 변호사집의 얼룩이도 모두 같은 생각이에요.

"내가 고생하며 낳은 새끼 네 마리를 자기들 마음대로 다른 집에 줘 버렸다니까."

"원래 사냥에서는 먼저 본 게 임자 아냐? 그런데 인간들은 내가 생선을 발견해 가져가도, 늘 붙잡고 화를 낸다니까."

흰둥이와 얼룩이가 만날 때마다 하는 말이라니까요.

이왕 말이 나온 김에 우리 집주인 선생이 고생한 이야기나 더 해 볼까요?

우리 선생은 잘하는 건 없는데 하고 싶은 건 많아요. 시를 지어서 잡지에 보내 보기도 하고, 엉터리 영어를 쓰기도 하고, 어떨 땐 활을 쏘고, 옛 노래도 배우고, 바이올린을 켤 때도 있죠.

그러다 요새 빠진 게 바로 그림 그리는 거예요. 어떨 때는 날 모델로 해서 그림을 그린다고 난리를 피우더라고요. 그래도 이 집에서 날 구박하지 않는 건 선생밖에 없으니 일단은 그대로 있어 줬죠. 그런데 너무 힘들고 화장실도 가고 싶어서 일어났죠. 그러니까 선생이 화가 나서 소리를 치는 거예요.

"저 바보 같은 고양이가!"

그런 말을 들으니 억울하기까지 하더라고요. 난 정말 화장실이 급해서 움직였을 뿐인데, '바보'라는 말까지 듣다니 말이죠. 난 나름 이 집에서 쥐도 잡으면서 내 할 일을 다하고 있어요. 늘 뭔가 하겠다고 허장성세만 잔뜩 부리다 쉽게 그만두는 선생보다는 내가 훨씬 낫죠.

오늘도 선생은 학교에서 다녀오자마자 서재에 들어가 잠을 자요. 아이들은 유치원에 다녀와서 나와 같이 놀죠. 그리고 나는 이 집에서 여전히 이름 없는 고양이로 살고 있어요. 욕심 부리지 않고 이렇게 평생 살 생각이에요.

고전 속 지혜 배우기

사람은 누구나 남에게 잘난 체하고 싶어 하는 마음이 있어요. 작가는 고양이의 눈을 통해 그런 인간의 허장성세(虛張聲勢)를 풍자하죠. 여러분도 조심하세요. 고양이가 여러분의 모습을 몰래 훔쳐볼 지도 모르니까요.

고전 깊이 읽기

천 엔 지폐 속에 나쓰메 소세키가 있다? 없다?

고양이의 시선을 통해서 인간을 풍자하는 〈나는 고양이로소이다〉는 원래 단편소설로 나온 작품이었어요. 그런데 생각보다 큰 인기를 끌면서 잡지에 연재를 하게 되죠. 실은 이 작품을 쓴 작가는 진지한 의도로 글을 쓴 게 아니라고 해요. 그저 신경쇠약을 앓던 와중에 기분전환도 하고, 그 김에 가난한 형편에 보탤 잔돈푼이나 마련하자는 생각으로 펜을 든 거죠. 그런데 이 작품이 일본 사회에 거대한 영향을 끼치는 명작이 돼요. 그리고 작가는 훗날 '일본의 셰익스피어'라고 불리는 일본 현대 문학의 아버지가 되죠.

나쓰메 소세키는 원래 학생들을 가르치며 생계를 이어 나갔어요. 그러다 자신의 작품이 큰 인기를 끌기 시작하자, 학교를 그만두고 본격적으로 소설을 쓰기 시작했죠. 런던 유학을 했을 때 겪은 경험을 바탕으로 쓴 소설 〈런던탑〉을 비롯한 수많은 단편소설과 〈도련님〉, 〈마음〉과 같은 장편소설도 썼어요. 그의 작품은 지금까지 전 세계에서 수많은 독자들과 만나고 있어요.

소세키는 1984년부터는 천 엔 지폐의 모델로 채택되었어요. 비록 2004년에 일본의 유명한 의사 노구치 히데요로 모델이 바뀌긴 했지만요. 하지만 소세키가 일본인들에게 얼마나 사랑받는 작가인지 짐작할 수 있죠.

소세키에 대한 재미있는 일화 하나. 소세키는 동경제국대학(현재의 동경대학교) 영문과를 나와서 외국소설을 번역한 적도 있는데요. 그때 'I love you.'라는 문장을 어떻게 번역할지 골머리를 앓았대요. 당시만 해도 '사랑한다'라는 말을 직접적으로 하는 건 부끄러운 일이었거든요. 그래서 'I love you.'를 '달이 아름답네요'라고 에둘러 표현했대요. 그때부터 일본에서 '달이 아름답네요'라는 표현은 사랑 고백의 한 방법으로 쓰이고 있다고 해요.

賢 母 良 妻
어질 어머니 어질 아내

현 모 양 처

어진 어머니이자 착한 아내.

불행 속에서도 자신의 삶을 지킨 잔

안녕하세요, 여러분? 저는 지금 잔이라는 여자의 일생에 대해 이야기하려고 해요.

잔은 프랑스 귀족의 딸로 태어나 부모님의 지극한 사랑을 받았어요. 그때까지만 해도 잔의 마음은 희망으로 가득 차 있었어요. 앞으로 자신 앞에 펼쳐진 인생이 활짝 핀 장미처럼 아름다울 거라고 믿어 의심치 않았죠.

그런 잔 앞에 한 남자가 나타났어요. 성당에서 만난 쥘리앵이라는 남자였죠. 그의 남자다운 모습에 잔은 사랑을 느꼈어요. 쥘리앵과 결혼해서 현모양처가 되는 게 그녀의 새로운 인생 목표가 되었죠. 하지만 잔은 몰랐어요. 쥘리앵이 사실 난폭하고 어리석은 인간이라는 걸요.

잔과 결혼한 순간부터 쥘리앵은 본색을 드러냈어요. 그는 잔을 위해서 돈 한 푼 쓰는 것도 아까워 했죠. 게다가 부인이 있는데도 다른 여자들에게 흑심을 드러냈어요. 잔은 쥘리앵의 정체를 알자 충격을 받았죠. 하지만 부모님이 걱정할까 봐 속으로 꾹 참기만 했어요.

얼마 후, 잔은 아들 폴을 낳았어요. 얼마나 귀여운 아이였는지! 그때부터 폴은 잔의 유일한 희망이었어요. 쥘리앵이 계속해서 밖으로 돌아다니는 동안, 잔은 폴을 지극정성으로 키웠죠.

그러던 중, 비극적인 사건이 터졌어요. 다른 여자와 만나던 쥘리앵이 사고로 죽고 만 거예요! 그 후로 잔은 더더욱 폴에게만 마음을 쏟았어요.

하지만 그게 실수였던 거죠. 잔의 과보호로 폴은 점점 비뚤어지기 시작했어요. 파리의 학교로 간 폴은 공부도 하지 않고 나쁜 친구들과 어울려 다녔죠. 잔의 이름으로 마음대로 빚을 내기까지 했어요. 잔은 그 빚을 갚느라고 땅을 팔 수밖에 없었죠.

잔은 더 이상 참지 못하고 폴을 다시 집으로 데리고 왔어요. 하지만 폴은 금세 파리로 도망쳐 버렸어요. 그 사이 잔의 부모님까지 세상을 떠나고 말았답니다. 잔은 그야말로 세상에 홀로 남겨지고 말았죠.

잔은 하녀 로잘리와 함께 낡은 오두막에서 지냈어요. 로잘리는 듬직한 태도로 잔을 이끌어 주었죠. 하지만 잔은 그 와중에도 아들 폴의 생각뿐이었어요.

그런데 얼마 후, 아들 폴에게서 편지

가 왔어요.

'결혼을 했어요. 아내가 딸을 낳았는데, 몹시 위독해요. 아이를 대신 맡아 주세요.'

잔은 충격적인 소식에 쓰러지고 말았어요. 그래서 잔 대신 로잘리가 파리로 가서 폴을 만나기로 했죠.

그리고 사흘 후, 잔의 품에는 폴의 딸, 그러니까 자신의 손녀가 안겨 있었어요. 잔은 품에서 갓난아기의 따스함을 느꼈어요. 그러다 기쁨에 못 이겨 아기의 얼굴에 입을 맞추기 시작했죠. 그 모습을 보며 로잘리가 말했어요.

"그러고 보면, 인생이란 그렇게 행복한 것도 불행한 것도 아닌가 봐요."

그래요, 그런 것 같아요. 남들이 잔의 일생을 안다면 그녀를 불행하게 여기겠죠. 하지만 그녀는 지금 무척 행복하답니다. 이런 게 인생인가 봐요.

고전 속 지혜 배우기

현모양처(賢母良妻)가 되어 남편과 아이의 사랑을 받으며 살길 바라던 잔. 하지만 그녀의 인생은 늘 불행했어요. 잔의 삶을 보며 우리는 명심해야 해요. 행복은 누가 가져다주는 게 아니라, 우리가 찾아 나서야 한다는 걸 말이죠.

시대가 바뀌면 고사성어의 의미도 변한다?

잔이 살아온 삶을 듣다 보면 가슴이 아파 와요. 어떻게 한 여인에게 저렇게 수많은 불행이 닥칠 수 있을까요? 대체 어떤 이유 때문에 잔에게만 이런 일이 벌어지는 걸까요? 그런데 곰곰이 생각해 보면 말이죠. 어쩌면 잔은 스스로 그 불행을 불러들였을지도 몰라요.

잔의 목표는 '현명한 어머니이자 착한 아내', 즉 현모양처가 되는 것이었어요. 하지만 쥘리앵 같은 난폭하고 어리석은 남편을 맞아서 착한 아내가 되는 것에 실패했어요. 과보호로 키운 폴은 점점 비뚤어져서 현명한 어머니가 되는 것에도 실패하죠. 이때 만약 잔이 스스로 무엇이 되고 싶은지에 대한 목표가 있었다면, 잔은 새로운 목표를 이루려 노력했을지도 몰라요. 〈인형의 집〉의 노라처럼 집을 나섰을지도 모르죠. 하지만 다른 목표가 없었던 잔은 계속해서 현모양처라는 목표에 매달려요. 그래서 자신을 싫어하는 폴에게 계속 맹목적인 애정을 쏟는 것이죠.

현모양처와 같은 고사성어는 과거 남성 위주의 시대에 나온 것이에요. 그래서 시대가 변한 지금은 다른 의미로 받아들여야 해요. 현모양처가 나쁘다는 게 아니에요. 단지 현모양처는 여성이 가질 수 있는 수많은 모습 중 하나지, 여성의 유일한 목표는 아니란 거죠.

남성 위주 시대에 만들어진 고사성어 중에는 황당한 것들도 있어요. '남자는 귀하고 여자는 천하다'라는 뜻의 남존여비(男尊女卑)나, '아내는 반드시 남편을 따라야 한다'라는 뜻의 여필종부(女必從夫) 같은 고사성어들은 이제는 쓰이지도, 쓰여서도 안 되는 고사성어들이랍니다.

荒 唐 無 稽
거칠 당황할 없을 헤아릴

황 당 무 계

헛되고 터무니없어 믿을 수 없음.

요정 퍼크의 실수로 사랑하는 사람이 뒤바뀌다!

"퍼크! 너 대체 내 명령을 어떻게 들은 거냐!"

숲을 다스리는 요정왕 오베론은 잔뜩 화가 나 소리쳤어요. 장난꾸러기 요정 퍼크도 이번만은 할 말이 없는지 머리만 긁적거렸어요.

"분명 오베론 님이 시키는 대로 했는데, 이상하게 이렇게 되어 버렸네요. 헤헤."

"그걸 지금 변명이라고 하는 거냐! 저 모습을 한 번 보란 말이다!"

오베론은 숲의 잔디밭을 가리켰어요. 오늘같이 보름달이 뜬 한여름 밤에 요정들이 모두 모여 축제를 벌이는 곳이었죠. 하지만 지금 그 잔디밭에서는 네 남녀의 사랑싸움이 벌어지고 있었어요.

"오, 아름다운 헬레나여. 이 라이샌더의 사랑을 받아 주시오."

"그게 무슨 소리야? 헬레나는 나 드미트리우스와 사랑하는 사이라고. 그렇지 않소?"

그리스 아테네의 두 용감한 청년, 라이샌더와 드미트리우스는 서로 헬레나의 마음을 차지하겠다며 말싸움을 벌였어요.

둘의 사랑을 독차지하고 있던 헬레나는 어쩔 줄 몰라 하는 표정이었어요. 하지만 내심 좋은 기분을 숨길 수 없었는지 슬그머니 미소를 띠기도 했죠.

그런데 라이샌더를 바라보며 눈물을 흘리는 한 여인이 있었어요.

"라이샌더 님, 대체 왜 이러세요? 저 허미아를 영원히 사랑한다고 하셨잖아요."

허미아는 라이샌더를 말리려고 했어요. 하지만 라이샌더는 귀찮다는 표정으로 허미아를 밀쳤죠.

"저리 가, 허미아. 왜 이렇게 날 귀찮게 해! 어이, 드미트리우스. 자네 어제까지만 해도 이 허미아를 진심으로 사랑하지 않았나? 둘이 잘해 보게나. 헬레나는 포기하고 말이야."

"무슨 소리야, 라이샌더. 자네야말로 허미아와 서로 진심으로 사랑한 사이 아닌가? 지금도 자네와의 결혼을 반대하는 그녀의 아버지를 피해, 둘이서 사랑의 도피를 하던 중이 아니었던가? 어서 가던 길 가시게나. 헬레나는 나와 행복하게 지낼 테니 말이야."

허미아는 도저히 이 상황을 믿을 수 없어 눈물을 흘렸어요.

사실 어제까지만 해도 상황은 이와 정반대였답니다. 어제의 라이샌더와 허미아는 서로 사랑하는 사이였죠. 드미트리우스는 허미아를 짝사랑하고 있었죠. 그리고 헬레나는 그런 드미트리우스를 짝사랑했어요.

사랑하는 사람이 뒤바뀌다니. 어떻게 이런 황당무계한 상황이 펼쳐진 걸까요? 그건 장난꾸러기 요정 퍼크 때문이었어요. 눈꺼풀에 바르기만 하면 처음 본 사람을 사랑하게 만드는 신비의 묘약 '사랑꽃'을 잘못 발라서 사랑이 어긋나 버린 거죠.

결국 퍼크는 다시 네 남녀를 재워 놓고 사랑꽃을 발랐죠. 눈을 떠 서로를 본 라이샌더와 허미아, 드미트리우스와 헬레나는 곧 서로 사랑에 빠져 행복하게 살았답니다.

고전 속 지혜 배우기

사랑하던 사람이 뒤바뀌는 황당무계(荒唐無稽)한 상황을 겪은 인물들은 정신을 차렸을 때 얼마나 부끄러웠을까요? 그래도 끝이 좋으면 다 좋다고, 모두가 행복을 찾을 수 있게 되어서 참 다행이네요.

고전 깊이 읽기

셰익스피어의 정체를 밝혀라!

영국뿐 아니라 전 세계를 통틀어 가장 위대한 극작가 셰익스피어. 그런데 이상하게도 셰익스피어의 생애에 대해서 정확히 알려진 것은 없어요. 심지어는 언제 태어나고 언제 죽었는지도 명확하지 않죠. 그래서 많은 사람들이 셰익스피어의 정체에 대해 조사를 했어요. 어떤 사람들은 조사를 하면서 의문점을 제기했죠.

연구된 바에 따르면, 셰익스피어는 장갑을 만드는 기술자의 아들로 태어나, 20세에 런던으로 가 장사를 하며 큰돈을 벌었다고 해요. 그런데 당시 상인은 대학교를 가지 않았어요.

'어떻게 대학에서 제대로 된 영어 교육도 받지 못한 상인이 그런 훌륭한 작품을 쓸 수 있단 말이지?'

셰익스피어의 업적 중 하나는 자신의 작품 속에서 영어의 문법과 발음구조를 통일시켜, 영어를 획기적으로 발전시킨 것이거든요. 그런데 영어 교육을 받지 못한 상인이 그런 일을 하기는 힘들다는 것이죠.

그때부터 사람들은 '진짜 셰익스피어'가 누구인지 찾아다니기 시작했어요. 그러면서 수많은 후보자들이 나왔죠. 영국 여왕 엘리자베스 1세부터 국왕 제임스 1세, 당시의 여러 백작들 그리고 유명한 철학자인 프랜시스 베이컨, 심지어는 셰익스피어의 친구였던 작가 크리스토퍼 말로까지 후보에 올랐죠.

왜 많은 사람들이 진짜 셰익스피어를 찾는다는 황당한 일을 하고 있을까요? 아마 그토록 훌륭한 작품을 쓴 작가가 누구인지 자세히 알고 싶은 마음에서 시작한 재미난 소동이 아닐까 싶어요.

喜 怒 哀 樂
기쁠 성낼 슬플 즐길

희 노 애 락

기쁨과 노여움과 슬픔과 즐거움.

인간이 되기 위해 먼 여행을 떠난 피노키오

먼 옛날, 이탈리아의 한 시골마을에 제페토라는 목수가 살고 있었어요. 제페토는 결혼도 하지 않고 목수일만 하며 평생을 지냈죠. 시간이 흘러, 제페토는 할아버지가 되었어요.

어느 날 저녁, 제페토 할아버지는 식사를 하다 말고 적막한 집을 보며 생각했죠.

'아, 너무도 조용하구나. 다른 집들은 식탁에 온 가족이 둘러앉아 오늘 있었던 일들을 재잘재잘 얘기하며 맛있는 식사를 할 텐데…….'

갑자기 외로워진 제페토 할아버지는 작업장으로 향했어요. 그리고 쉴 새 없이 무언가를 만들기 시작했죠. 긴 시간이 지난 후, 제페토 할아버지는 만족스러운 얼굴로 완성품을 바라봤어요. 그건 소년의 모양을 한 나무 인형이었어요.

"내가 만들었지만 정말 잘 만들었어. 정말 살아 있는 것 같구나. 아, 이 인형이 정말 살아나 내 아들이 된다면 얼마나 기쁠까?"

제페토 할아버지는 나무 인형을 한참 바라보다 스르르 잠이 들었어요.

다음 날 아침, 곤히 잠든 제페토 할아버지를 누군가 흔들어 깨우는 게 아니겠어요?

"아빠, 일어나세요. 어서요!"

제페토 할아버지는 잠결에 그 소리를 들으며 이상함을 느꼈죠.

'대체 누가 날 아빠라고 하는 거지?'

눈을 뜬 제페토 할아버지는 깜짝 놀랐어요. 자신의 앞에 어제 만든 나무 인형이 살아 움직이고 있는 게 아니겠어요!

"이, 이럴 수가! 이게 대체 어떻게 된 일이지?"

그때 제페토 할아버지와 나무 인형의 앞에 파란 옷을 입은 아름다운 요정

이 나타났어요. 파란 요정은 선한 미소를 지으며 말했어요.

"제가 어제 이곳을 지나다 할아버지의 간절한 소원을 들었답니다. 그래서 제 마법으로 나무 인형을 살아 움직이게 만들어 주었어요. 하지만 이 아이가 진짜 사람이 되기 위해서는 인간의 감정인 희노애락을 모두 느껴야 한답니다. 그때까지 이 아이를 잘 보살펴 주세요."

그 말을 마치고 파란 요정은 어느 새 사라졌어요.

제페토 할아버지는 기뻐서 나무 인형에게 '피노키오'라는 이름을 붙여 주고 학교에도 보내 주었어요. 하지만 못된 사람들은 피노키오가 나무로 만들어졌다는 걸 알고, 피노키오를 서커스에 팔아넘기죠. 그때부터 피노키오의 모험이 시작돼요.

피노키오는 거짓말쟁이 여우에게 속아서 죽을 뻔한 위기를 넘기기도 하고, 이상한 섬에서 당나귀로 변하기도 하죠. 그러다 자신을 찾아 바다를 헤매다가 고래에 잡아먹힌 아버지 제페토를 구하기 위해 고래의 배 속으로 들어가죠.

제페토를 구해 낸 피노키오는 인간의 감정을 깨닫고 진짜 인간으로 변해요. 둘은 행복한 아버지와 아들 사이로 지내요. 저녁마다 재잘재잘 이야기를 하며 식사도 하면서 말이죠!

고전 속 지혜 배우기

우리는 언제나 기쁘고 즐겁기만 바라죠. 하지만 잘 생각해 보세요. 슬픔과 노여움을 겪어 봐야만, 기쁘고 즐거운 게 얼마나 행복한 일인지 알게 되는 거예요. 그래서 희노애락(喜怒哀樂)을 인간의 조건이라고 하는가 봐요.

고전 깊이 읽기

고전을 읽으며 희노애락을 느껴요!

〈피노키오〉에서 파란 요정은 피노키오가 인간이 되기 위해서는 인간의 감정인 희노애락을 느껴야 한다고 했어요. 파란 요정은 왜 그런 말을 했을까요? 아마 인간이 인간답기 위해서는 감정을 지녀야 한다는 사실을 이야기해 주고 싶어서였을 거예요.

요즘 뉴스를 보면 등골을 서늘하게 만들 만큼 무서운 사건들이 많이 일어나요. 그런 강력범죄를 저지르는 사람들을 두고 우리는 '인간의 탈을 쓰고 짐승의 마음을 가진 자'라는 뜻의 '인면수심(人面獸心)'이라는 고사성어를 말해요. 아무리 겉모습이 인간과 닮았다 할지라도, 마음이 인간답지 않으면 짐승과 똑같다는 거죠.

그렇다면 우리는 어떻게 인간다운 감정을 지니고 살 수 있을까요? 여러 방법이 있겠지만, 가장 좋은 방법 중 하나는 바로 고전을 읽는 거예요. 고전이 과거부터 지금까지 수많은 사람들의 눈을 사로잡을 수 있는 이유는, 그 안에 인간의 감정인 희노애락이 고스란히 담겨 있기 때문이에요. 우리는 고전을 읽으며 웃고 화내고 울고 기뻐하죠. 그러면서 우리는 자신의 마음속에 있는 감정과 만나게 돼요.

여러분들이 앞으로도 수많은 고전을 읽고, 희노애락을 느끼며, 건강한 정신과 삶을 누리길 바랄게요.

<위풍당당 고사성어 자신만만 국어왕1>에 나오는 고사성어

<위풍당당 고사성어 자신만만 국어왕2>에 나오는 고사성어

고리오 영감 P70

프랑스 문학의 거장 발자크가 1835년에 발표한 소설입니다. 자신의 두 딸만을 위해 평생을 헌신하다 쓸쓸하게 세상을 떠난 고리오 영감의 일대기를 통해, 발자크는 당시 프랑스 사회가 얼마나 부패했으며 이기주의가 넘쳐 나는 곳인지를 고발합니다. 〈고리오 영감〉은 발자크 평생의 목표인 연작소설 《인간희극》 중에서도 가장 유명한 작품으로서, 고리오 영감의 맹목적인 부성애 때문에 셰익스피어의 비극 〈리어왕〉과 종종 비교됩니다.

만복사저포기 P106

김시습이 쓴 조선 최초의 한문소설이자, 귀신이나 유령 같은 비일상적인 이야기를 주로 다룬 《금오신화》에는, 본문에 수록된 〈만복사저포기〉를 비롯해 〈이생규장전〉, 〈취유부벽정기〉, 〈남염부주지〉, 〈용궁부연록〉의 다섯 작품이 수록되어 있습니다. 김시습은 이루어질 수 없는 사랑과 현실의 한계에 부딪쳐 새로운 세상을 찾아가는 주인공의 이야기를 통해, 어지러운 세상을 등진 자신의 답답한 심정을 풀어 냈습니다.

나는 고양이로소이다 P194

일본의 근대소설 작가인 나쓰메 소세키의 이름을 알린 첫 작품으로, 1905년에 발표한 소설입니다. 처음에는 단편소설로 발표되었지만, 큰 인기를 끌며 연재를 계속해 지금의 장편소설이 되었습니다. 고양이를 통해 인간의 허영심을 풍자하는 내용이 많은 사람들의 인기를 끌며, 1982년에는 애니메이션으로도 만들어졌습니다. "나는 고양이다. 이름은 아직 없다."라는 소설의 첫 문장이 유명해, 현대 일본소설에서도 종종 인용되는 걸 볼 수 있습니다.

노인과 바다 P114

미국의 소설가 어니스트 헤밍웨이가 1952년에 발표한 단편소설입니다. 어니스트 헤밍웨이에게 노벨문학상을 안겨 준 작품으로 유명합니다. 소설 속에서 가장 유명한 구절인 "인간은 파괴될 순 있지만, 패배하지는 않는다."라는 노인의 대사가 현실의 고난에 맞서 싸우는 인간의 위대함을 이야기하고자 한 작가의 마음을 잘 드러내 줍니다.

데미안 P14

1919년 독일의 소설가인 헤르멘 헤세가 발표한 작품인 〈데미안〉은 감수성이 예민한 에밀 싱클레어라는 소년이 성인이 되어 가는 과정에서 여러 갈등을 겪으며 성장해 나가는 이야기를 다룬 소설입니다. 싱클레어가 괴로워할 때 친구인 데미안이 건네던 말들은 주인공뿐만 아니라 당시 유럽사회의 젊은이들에게 큰 감동을 주었습니다. 그래서 〈데미안〉을 일컬어 '청년운동의 성경'이라고 부르기도 해요.

두껍전 P94

조선 후기 작품으로 추정되는, 작가와 연대미상인 동물 우화소설입니다. 두꺼비는 예로부터 영험한 동물이라고 여겼기에 여러 우화 소설의 주인공으로 나와요. 그중 〈두껍전〉은 여우를 말싸움으로 누르는 두꺼비의 모습을 통해 재미를 선사하고, 또한 폭력이 아닌 대화로 일을 해결하는 것이 옳다는 교훈을 독자에게 줍니다.

로빈슨 크루소 P22

배가 난파되어 무인도에 홀로 조난 당한 선원 로빈슨 크루소가, 무려 35년 동안이나 무인도에서 살아남은 이야기를 쓴 소설입니다. 영국 작가 대니얼 디포는 1719년 〈로빈슨 크루소〉를 발표하고 나서, 60세라는 나이로 영국에서 가장 유명한 작가가 되었답니다. 칠레에는 로빈슨 크루소의 이름을 딴 '로빈슨크루소 섬'이라는 곳이 있는데요. 대니얼 디포가 실제 그 섬에서 벌어진 선원의 조난사건에 영감을 받아 〈로빈슨 크루소〉를 쓴 인연으로 섬 이름이 바뀌었다고 해요.

모비 딕 P110

거대한 흰 고래 모비 딕에게 다리를 잃은 에이해브 선장이 복수를 위해 모비 딕을 쫓는 내용을 다룬 소설입니다. 모비 딕이라는 자연과 맞서 싸우는 에이해브 선장의 모습을 통해 오히려 자연에 대한 경외심을 느끼게 만드는 작품입니다.

목로주점 P38

프랑스 작가 에밀 졸라는 19세기 프랑스를 살아가는 한 가족의 일대기를 담은 《루공 마카르 총서》라는 연작 소설을 쓸 계획을 세웁니다. 그중 1877년, 《루공 마카르 총서》 7권으로 나온 작품이 〈목로주점〉입니다. 에밀 졸라는 하층민 거리에서 세탁소를 운영하는 여주인공 제르베즈의 모습을 통해 프랑스 서민 사회의 모습을 현미경을 들여다 댄 듯 자세하게 보여줍니다.

박씨전 P174

18세기 이후에 조선에서 유행한 소설로 알려진 〈박씨전〉은 지은이와 정확한 발표연대가 모두 알려져 있지 않습니다. 전반부에는 전생의 죄로 못난 얼굴을 한 박씨가 허물을 벗으며 행복해지는 모습을 통해 지성감천의 교훈을 주었고, 후반부에는 박씨가 병자호란을 승리로 이끌어 내며 자유롭지 못한 조선시대 여성들의 답답함을 풀어 주는 여성영웅을 그려 냈습니다.

배비장전 P82

18세기 중반에 나타난 판소리 '배비장 타령'에서 비롯되어 쓰인 판소리계 소설입니다. 19세기의 조선시대를 반영하고, 당시 사회를 풍자하는 내용으로 이루어져 있습니다. 특히 주인공 배비장뿐 아니라 다른 인물들 역시 풍자의 대상으로 삼으며, 조선사회의 전반적인 문제를 정확히 짚어 내는 모습을 보여줍니다.

배스커빌의 개 P62

영국의 소설가 코난 도일이 탄생시킨 셜록 홈스는, 추리소설 역사상 가장 매력적인 탐정입니다. 그중 〈배스커빌의 개〉는 셜록 홈스 시리즈 중에서도 가장 유명하기로 손꼽히는 작품입니다. 전설 속에 나오는 악마개를 쫓는 홈스와 그의 친구 왓슨의 모험은 지금까지도 많은 사람들의 시선을 사로잡고 있습니다.

벤허 P186

미국의 작가 루 월리스가 1880년에 쓴 대작 역사소설입니다. 또한 예수 그리스도의 가르침을 알려주는 종교소설이기도 합니다. 존경받는 대부호에서 한순간에 노예로 전락한 벤허의 삶과 예수 그리스도의 삶이 교차하며 드러나고, 마지막 예수의 죽음과 함께 나타난 기적으로 인해 벤허가 마음의 평화를 얻는 장면을 보면 작가의 의도를 잘 알 수 있답니다.

봄봄 P182

1935년에 발표한 김유정의 단편소설입니다. 점순이의 데릴사위로 들어왔지만 결혼도 못하고 일만 하는 주인공과, 그런 주인공을 늘 구박만 하는 장인과의 갈등이 해학적으로 표현되어 있습니다. 마지막까지 주인공이 점순이와 결혼하는 장면은 나오지 않는, 일종의 '열린 결말'을 보여주는 소설입니다.

B사감과 러브레터 P86

1925년 2월, 문학잡지 《조선문단》을 통해 발표된 현진건의 소설입니다. 겉으로 보기에는 깐깐한 교사인 B사감의 이중적인 모습을 통해 독자에게 웃음을 전해 주는 작품입니다. 그러면서도 B사감의 내면 심리를 잘 드러냈다는 점에서, B사감을 단순한 놀림의 대상이 아니라 살아 있는 인물로 바라보는 현진건의 따스한 마음을 잘 느낄 수 있는 작품입니다.

서부전선 이상 없다 P90

독일 작가 에리히 레마르크가 제1차 세계대전에 참전했던 경험을 통해, 전쟁의 비인간성을 고발하기 위한 목적으로 쓴 작품입니다. 젊고 순수한 청년이 전쟁의 한가운데에서 변해 가는 모습을 통해 많은 사람들의 가슴속에 반전사상을 꽃피우게 한 소설입니다. 1929년, 발표되자마자 유럽 전역에서 큰 사랑을 받았고, 헐리우드에서 영화화되기도 했습니다.

서푼짜리 오페라 P10

1782년 런던에서 선풍적인 인기를 끌었던 오페라인 〈거지 오페라〉를 수정해서 만든 작품입니다. 독일의 극작가 베르톨트 브레히트는 〈서푼짜리 오페라〉를 통해 겉으로는 도덕적인 척하면서, 속으로는 남의 것을 빼앗는 데 혈안이 된 사람들이 넘쳐 나는 사회문제를 비판하고 있습니다.

숙향전 P46

〈숙향전〉은 17세기 말에 창작된 한국 고전 소설입니다. 원래 하늘의 선녀였다가 인간 세상에 와서 고난을 겪는 숙향과, 그녀와 하늘나라에서부터 맺어진 인연인 이선의 이야기는 당시 큰 인기를 끌었습니다. 기록에 따르면 양반계층에서 〈숙향전〉을 읽기 위해 소설 내용을 한문으로 번역했다고 하고, 일본 통역관들이 우리말을 배우기 위한 학습교재로 〈숙향전〉이 쓰였다고 해요.

15소년 표류기 P130

뉴질랜드의 체어먼 기숙학교에 다니던 14명의 소년과 1명의 견습선원이 조난을 당해 2년 동안 섬에서 표류하는 내용을 다루는 소설입니다. 작가 쥘 베른은 당시 국가들 사이의 관계를, 다른 국적을 지닌 아이들의 모습으로 빗대어 표현했습니다. 그러면서 15명의 아이들이 한층 성장한 모습으로 돌아오는 결말을 통해, 국가들이 조금만 더 서로를 이해하고 협력한다면 세계평화가 찾아올 것이라는 의미를 담아냅니다.

아서왕 전설 P42

면 옛날, 명검 엑스캘리버를 들고 영국을 통일한 위대한 왕 아서 펜드래건의 전설은 수많은 작가들의 영감을 자극했습니다. 영국 작가 토머스 맬러리가 1470년에 발표한 〈아서왕의 죽음〉을 시작으로, 영국의 유명한 역사소설가 버나드 콘웰이 '아서왕이 실제 역사에 등장했다면 어떻게 되었을까?'라는 생각에서 1995년부터 1997년까지 발표한 3부작 〈아서왕 연대기〉 등이 유명해요. 이 외에도 아서왕 전설은 동화, 애니메이션, 게임, SF소설 등에서 새롭게 재창조되며 많은 사람들의 사랑을 받고 있습니다.

안티고네 P138

고대 그리스의 극작가 소포클레스는 그리스 신화 속 비극적 영웅인 오이디푸스 왕의 일대기를 3부작의 희곡으로 써서 발표했습니다. 그중 마지막 작품이 오이디푸스 왕의 딸 안티고네의 이야기를 다룬 희곡 〈안티고네〉입니다. 소포클레스는 작품을 통해 인간은 자신의 양심과 정해진 규칙 중 무엇을 지켜야 할 것인지를 관객에게 질문합니다.

어느 관리의 죽음 P166

러시아의 소설가이자 극작가 안톤 체호프가 1883년에 발표한 단편소설입니다. 장관의 머리에 재채기를 한 사건 때문에 죽음에 이르는 소심한 관리의 모습을 통해 경직되고 부패한 러시아 관료사회를 풍자하고 있습니다.

여자의 일생 P198

프랑스의 작가 모파상의 최고 걸작으로 평가받는 작품입니다. 원래 단편소설을 주로 쓴 작가는 이 작품을 완성하기 위해 오랜 시간 공을 들였고, 결국 1883년에 작품을 발표하며 작가로서 명성을 얻었습니다. 톨스토이는 이 작품을 읽고 〈레 미제라블〉 이후 가장 뛰어난 프랑스 소설이라는 격찬까지 아끼지 않았다고 합니다. 모파상은 이 작품을 통해 가장 인간다운 인간의 모습을 소설 속에 그려 냈다는 평가를 받습니다.

열자 P122

열자는 기원전 4세기에 중국에서 활약한 철학자입니다. 노자의 사상을 따라 도교를 믿은 열자는, 우주적인 법칙에 따라 사는 것이 인간이 올바른 삶을 살 수 있는 방법이라고 믿었습니다. 그런 그의 생각을 담은 책이 〈열자〉입니다.

오블로모프 P58

러시아의 작가 이반 곤차로프가 1859년 발표한 소설 〈오블로모프〉는 러시아 사회에 커다란 충격을 던진 작품이었습니다. 이반 곤차로프는 러시아 사회를 감싸고 있는 무기력증을 발견하고, 이를 '오블로모프'라는 인물을 통해 표현해 냈습니다. 작가는 이 소설을 통해 러시아의 변화를 꿈꾸었습니다.

오셀로 P30

영국의 대표적인 극작가 셰익스피어는 총 38편의 희곡을 남겼습니다. 그중 〈리어왕〉, 〈햄릿〉, 〈오셀로〉, 〈맥베스〉를 가리켜 '셰익스피어 4대 비극'이라고 말합니다. 그만큼 수많은 사람들에게 큰 감명을 준 훌륭한 작품이라는 의미지요. 그중 1605년 경 발표한 〈오셀로〉는 훌륭한 장군 오셀로가 악당 이아고의 간계에 넘어가 자신의 부인 데스데모나를 의심하면서 펼쳐지는 비극적 사건을 다루고 있어요. 셰익스피어는 〈오셀로〉

를 통해 인간이 얼마나 연약한 마음을 지니고 있는지 알려줍니다.

외투 P98

19세기 러시아 관료들의 위선적인 모습과 관료사회의 부패를 비판하는 작품입니다. 날카로운 풍자를 통해 웃음을 주다가도 독자들의 동정심을 불러일으키는 주인공 아카키예비치의 모습을 통해 한 줄기 눈물을 흘리게 만드는 힘을 지닌 소설입니다.

위대한 개츠비 P190

1922년 여름의 미국 뉴욕시와 롱아일랜드에서 벌어지는 이야기를 담은 소설로서, 미국의 작가 스콧 피츠제럴드가 1925년 발표한 소설입니다. 자신이 믿는 바를 이루기 위해 노력하다 비극적 죽음을 맞는 개츠비의 모습이 많은 사람들의 심금을 울리며 미국의 위대한 고전으로 자리 잡은 작품입니다.

유토피아 P66

영국의 철학자 토머스 모어가 살던 시대, 유럽의 백성들은 왕과 귀족들의 욕심 때문에 몹시 힘든 삶을 보냈습니다. 그 모습을 본 토머스 모어는 모든 사람들이 행복하게 살 수 있는 이상 사회를 건설할 방법을 생각했습니다. 그리고 그 내용을 〈유토피아〉라는 소설에 담아 1516년 발표했습니다. 그래서 지금도 유토피아라는 말은 '이상사회'를 뜻합니다.

인간의 대지 P178

〈어린 왕자〉의 작가 생텍쥐페리가 자신의 경험을 담아 쓴 자전소설입니다. 자연과 세상을 주의 깊게 관찰하는 작가의 시선을 통해 어떻게 사는 것이 진정한 인간의 삶인지를 알려주는 작품입니다.

인형의 집 P158

남성 위주의 유럽사회에 경종을 울리고 여성의 해방을 부르짖었다고 일컬어지는 최초의 근대희곡입니다. 사실 작가 헨리크 입센은 여성의 해방을 직접적으로 이야기하진 않았어요. 단지 우리 안의 거짓과 위선을 걷어내고 진실한 인간이 되기를 바랐습니다. 그런 진실한 인간의 모습이 노라의 행동으로 드러나며, 당시 여성을 차별하던 사회 분위기와 만나 커다란 사회현상을 일으킨 것이죠.

1984 P142

영국의 소설가 조지 오웰이 1949년 발표한 소설입니다. 조지 오웰은 구체적인 설정을 통해서 전체주의 정부가 국민을 억압해 나가는 어두운 미래의 모습을 사실적으로 그려 냈습니다. 그리고 국민이 무기력하게 정부의 말만 듣는다면 이런 어두운 미래가 현실이 될 것이라는 경고를 하였습니다. 〈1984〉의 사회를 가리켜 유토피아의 반댓말인 디스토피아라고 합니다.

임진록 P162

임진왜란을 다룬 전쟁소설입니다. 실제 역사와 동일한 부분도 있지만, 조선이 패배한 전투를 승리로 바꾼다거나 하는 식으로 조선에게 유리하게 집필된 가상 역사 소설입니다. 일본과의 전쟁으로 피폐해진 사람들의 마음에 자긍심과 희망을 심어주기 위한 일환으로 쓰여진 소설입니다.

적과 흑 P150

프랑스의 작가 스탕달이 1830년에 발표한 작품입니다. 이 작품이 히트하면서 소설이 다루고 있는 실제 프랑스 역사의 시대를 '적과 흑의 시대'라고 부르기도 합니다. 성공을 위해 질주하던 주인공 쥘리앵이 죽음을 앞둔 순간에야 진정한 사랑에 눈을 뜨며 행복감을 맛보는 결말을 통해, 작가는 성공의 허무함과 진정한 사랑의 기쁨에 대해 이야기합니다.

젊은 베르테르의 슬픔 P118

독일의 작가 요한 볼프강 폰 괴테가 1774년 발표한 서간체 소설입니다. '서간체 소설'이란 등장인물이 쓴 편지의 내용을 통해 이야기를 전개해 나가는 소설을 뜻합니다. 그 말대로 〈젊은 베르테르의 슬픔〉은 베르테르의 편지로만 이야기를 전개해 나갑니다. 괴테는 이 작품을 통해서 사회규칙을 무시하더라도 인간 본연의 감정을 해방하는 것이 중요하다고 주장하였습니다.

제인 에어 P74

제인 에어라는 능동적이고 독립적인 여성이 자신 앞에 주어진 운명을 극복하기 위해 노력하는 내용의 소설입니다. 발표되자마자 영국에서 베스트셀러에 올랐지만, 남녀차별이 심했던 당시의 분위기 때문에 금서목록에 오르기도 했습니다. 독특하고 개성적인 인물들을 통해 당시의 사회 분위기를 개성적으로 담고 있는 작품입니다.

죄와 벌 P154

가난한 대학생 라스콜니코프가 자신이 만든 독창적 이론인 '초인이론'을 증명하기 위해 사악한 전당포 노파를 죽이면서 벌어지는 사건을 다룬 소설입니다. 작가 도스토옙스키는 철저한 심리분석을 통해 고뇌하는 인물인 라스콜니코프를 탄생시키며, 과연 진정한 죄란 무엇이고 그 죄는 어떻게 벌해야 하는지에 대한 근본적인 질문을 하고 있습니다.

진주 P146

존 스타인벡이 여행길에서 들은 진주잡이 어부의 비극적 이야기를 소설로 풀어 낸 작품입니다. 소설의 주인공 키노는 거대한 진주를 얻은 탓에 목숨을 위협당하고 소중한 아들을 잃고 맙니다. 작가는 그런 비극적 순간에 진주를 바다에 버리는 키노의 모습을 통해, 인간의 숨겨진 본능과 탐욕의 실체를 보여줍니다.

천로역정 P34

17세기, 영국 작가 존 버니언이 발표한 〈천로역정〉은 한 그리스도교인이 지상의 멸망을 피해 하늘길로 향하는 이야기를 다루고 있습니다. 예수 그리스도의 가르침을 비유 형식으로 쓴 이 소설은, 성경 다음으로 가장 많은 언어로 번역된 작품이기도 합니다. 한국에서도 1895년 번역되어 소개된 '한국 근대의 첫 번역소설'이기도 하죠.

최척전 P102

조선시대의 문신 조위한이 1621년 발표한 소설입니다. 임진왜란과 병자호란이라는 두 번의 큰 전쟁 동안 헤어지고 다시 만나는 최척 가족의 모습을 통해 당시 조선의 사회적, 역사적 문제를 강하게 제기하고 있다는 점이 특징입니다.

춘추좌씨전 P18

공자가 편찬한 춘추시대의 역사서 〈춘추〉에 주석을 단 책입니다. 주석이란 낱말이나 문장을 쉽게 풀어 쓴 글을 뜻합니다. 〈춘추좌씨전〉은 춘추시대에 대한 여러 이야기를 상세하게 풀어 설명해주어서, 춘추시대를 이해할 수 있는 중요한 자료로 알려져 있습니다. 〈춘추좌씨전〉의 작가는 노나라의 좌구명이라는 사람으로 알려져 있지만, 분명히 밝혀진 바는 아직 없습니다.

톰 소여의 모험 P134

장난꾸러기 소년 톰 소여와 그의 친구 허클베리 핀의 활약을 담은 모험소설입니다. 자세히 살펴보면 19세기 미국의 문제를 비판하고 있는 어두운 부분도 담겨 있습니다. 작가 마크 트웨인이 서문에서 "비록 이 책이 주로 소년소녀를 위해 쓰인 것이긴 하지만, 나는 성인남녀도 즐길 수 있도록 노력하였다."라고 밝힌 것으로 보아, 작가는 이 작품을 단순한 동화가 아닌, 모든 미국인이 읽을 만한 가치를 지닌 작품으로 만들려고 노력한 것으로 보입니다.

80일간의 세계 일주 P50

프랑스 작가 쥘 베른이 1873년에 발표한 모험소설입니다. 쥘 베른은 과학을 통해 인류가 발전할 수 있다는 자신의 믿음을 소설로 보여주려 했습니다. 그래서 철도와 증기선, 기구 등 당시로서는 최첨단의 교통수단을 타고 80일 안에 세계일주에 성공하는 주인공 필리어스 포그의 이야기를 창조해 냈습니다.

프랑켄슈타인 P54

영국의 메리 셸리가 1818년, 18세의 나이에 발표한 소설입니다. 세계 최초의 SF소설이라는 호칭을 지니고 있습니다. SF소설이란 'Science Fiction'의 약자로 과학적 상상력을 기반으로 쓰인 소설을 뜻해요. 공상과학소설이라고도 부릅니다.

피그말리온 P26

괴팍한 언어학자 히긴스 교수가 '꽃 파는 처녀 일라이자 두리틀에게 영어를 가르쳐 공작부인처럼 만들어 내겠다'는 내기를 하며 벌어지는 소동을 다룬 희곡입니다. 아일랜드 극작가 조지 버나드 쇼가 1912년 발표한 후 유럽과 미국에서 큰 인기를 끌었습니다. 영화로 여러 차례 제작되었고, 지금도 〈마이 페어 레이디〉라는 제목의 뮤지컬로 세계 곳곳에서 공연되고 있어요.

피노키오 P206

이탈리아의 극작가 카를로 콜로디가 1883년 《소년신문》에 발표한 연재소설입니다. 작가는 자신의 가난을 해소하기 위해 작품을 쓰면서도 어린이의 정서를 가꾸겠다는 교육적 목표도 놓치지 않으려 했습니다. 인간이 되기 위한 모험을 펼치는 피노키오의 이야기를 애니메이션으로 만든 월트 디즈니사의 〈피노키오〉는 지금까지도 애니메이션 사상 최고의 명작으로 손꼽힙니다.

한여름 밤의 꿈 P202

짧은 여름밤에 꾸는 꿈을 통해 환상적인 분위기를 나타내는 희곡입니다. 세익스피어는 이 작품을 통해 문학작품의 영원한 주제인 사랑에 대해 이야기하면서도, 얽히고설킨 모든 요소들이 마지막에 화해하며 행복한 결말을 맺는 모습을 보여주며, 화합의 위대함을 노래합니다.

허클베리 핀의 모험 P126

'가장 미국적인 작가'라고 일컬어지는 마크 트웨인이 〈톰 소여의 모험〉의 후속작으로 1884년 발표한 소설입니다. 미시시피강을 따라 남쪽으로 내려가는 소년 허클베리 핀과 흑인노예 짐의 모험을 통해 자주적인 자세로 살아가는 미국인의 원형을 그려 냈다는 평가를 받는 작품입니다. 또한 작가는 작품 속에서 인종차별이 성행하던 당대 미국을 비판하며, 모든 인간이 기본적으로 평등하며 모두 존중되어야 할 존재라고 독자에게 말하고 있습니다.

허풍선이 남작의 모험 P170

허풍선이 남작으로 알려진 뮌히하우젠 남작은 실제로 존재하는 인물이랍니다. 자신이 겪은 사건들을 과장해서 친구에게 들려주었는데, 이 이야기를 독일의 소설가 고트프리트 뷔르거가 정리하고, 여기에 13편의 이야기를 추가해서 1786년에 〈뮌히하우젠 남작의 놀라운 수륙여행과 출진과 유쾌한 이야기〉라는 제목으로 출판합니다. 뮌히하우젠 남작의 이야기는 재미있지만 모두 거짓말이라는 점에서 아무것도 남지 않는 이야기만 해 대는 현대인을 비판하기 위해 쓰였다는 의견도 있습니다.

홍당무 P78

프랑스 작가 쥘 르나르가 유년 시절 경험을 바탕으로 써서 1894년 발표한 자전소설입니다. '자전소설'이란 자신의 성장 과정과 체험을 중심 소재로 해서 쓴 소설을 말합니다. 통찰력 깊고 분석적이면서도 애정이 담긴 쥘 르나르의 특징을 가장 잘 담고 있는, 그의 대표작입니다.